日本外交の鉄則

サムライ国家の気概を示せ

大川隆法
RYUHO OKAWA

陸奥宗光（1844～1897）

小村寿太郎（1855～1911）

まえがき

いま、日本にとって大切なことは、『日本外交の鉄則』を固めることだろう。国家指導の理念といいかえてもよい。

陸奥宗光、小村寿太郎という二人の外交の偉人の言葉を指針として、「サムライ国家の気概」を示すことが大事である。本文こそが最高の外交テキストだと思う。

二〇一〇年　十月十九日

幸福実現党創立者兼党名誉総裁《こうふくじつげんとうそうりつしゃけんとうめいよそうさい》　大川隆法《おおかわりゅうほう》

日本外交の鉄則　目次

4

ロシアとの関係について　57

5

沖縄《おきなわ》の米軍基地の必要性　68

第2章　日本は「侍国家」に戻《もど》れ

――小村寿太郎の霊言――

二〇一〇年十月六日　霊示

第1章

日本外交に「大義」を立てよ

――陸奥宗光《むつむねみつ》の霊言《れいげん》――

二〇一〇年十月六日　霊示

陸奥宗光《むつむねみつ》（一八四四～一八九七）

明治時代の外交官、政治家。幕末、坂本龍馬《さかもとりょうま》が創設した海援隊《かいえんたい》に参加。維《い》新《しん》後、兵庫県知事等を歴任するが、政府転覆《てんぷく》の計画に関与し、投獄《とうごく》される。出獄後、ヨーロッパに留学し、帰国後は、外務省に入省。駐米《ちゅうべい》公使、農商務大臣等を経て、第二次伊藤《いとう》内閣で外務大臣となる。日清《にっしん》戦争前後の外交を担い、明治政府の悲願であった治外法権の撤廃《てっぱい》、下関条約の調印、三国干渉《かんしょう》への対応等で活躍《かつやく》。その才腕《さいわん》から「カミソリ大臣」と称《しょう》された。

質問者

立木秀学《ついきしゅうがく》（幸福実現党党首）

里村英一《さとむらえいいち》（宗教法人幸福の科学広報局長）

［役職は収録時点のもの］

1　陸奥宗光《むつむねみつ》・小村寿太郎《こむらじゅたろう》に「日本外交」を問う

「きっかけ」となった舛添要一《ますぞえよういち》氏の発言

大川隆法　最初に、私のほうから、簡単に趣旨《しゅし》を話しておきたいと思います。

そもそものきっかけは、先日、幸福の科学と〝因縁《いんねん》〟があった講談社の「週刊現代」を読んだことでした。そのなかで、「新党改革」代表の舛添要一《ますぞえよういち》氏が、最近の外交のダッチロールぶりを見て、「今、陸奥宗光《むつむねみつ》や小村寿太郎《こむらじゅたろう》が生きていたら、何と言うか聞いてみたい」ということを語っていたのです。

こうした表現は、当会の霊言集のキャッチフレーズなのですが、それを使っていたので、霊言集がかなり流行《はや》ってはいるのだろうと思います。

私は、それを読んでみて、なるほどと思いました。ここに一つのニーズがあることを発見したのです。

舛添氏は政治学者でもあります。確かに、こうした外交危機において、外務省が先輩《せんぱい》と仰《あお》ぐ人といえば、陸奥宗光や小村寿太郎になるでしょう。当然、天上界《てんじょうかい》から、今の日本の外交について心配をしておられる方々でしょうし、どのような国家戦略・外交戦略を持つべきか、それぞれご意見を持っておられると思います。

単に、宗教のレベルでの話ではなく、「外交の専門家であった人であれば、どのような考えを出してくるか」ということは、非常に重要な観点だと思います。

「日清《にっしん》戦争の開戦を決断した」と言われる陸奥宗光

簡単に言えば、陸奥宗光は、日清《にっしん》戦争遂行《すいこう》の際の日本の外務大臣であり、小村寿太郎は、日露《にちろ》戦争のときの外務大臣です。

陸奥宗光は、もともとは陸奥陽之助《ようのすけ》と言います。ＮＨＫの「龍馬伝《りょうまでん》」などでは、坂本龍馬が神戸海軍操練所で活動しているとき、すでに仲間に入っていました。これが、その後、海援隊《かいえんたい》の結成へとつながっていきます。

そういう経歴を持ちながら、明治維新《いしん》後、投獄《とうごく》されたり、海外留学したりするなど、非常に上がり下がりのあった方だと思います。

「日清戦争の開戦は、陸奥宗光が最終的に決断したのではないか」と言われています。そして、小国・日本が、「眠《ねむ》れる獅子《しし》」と言われた大国・清を破ったわけです。これは、世界中で大ニュースになりました。

以後、ヨーロッパ各国は、日本への賠償金《ばいしょうきん》を貸し付ける名目で、清国を植民地化していきました。そのため、清国はいろいろな地域をかすめ取られた状態になったのです。

日本も、遼東《リャオトン》半島以下、いろいろと割譲《かつじょう》されたのですが、ロシア、フランス、ドイツから「三国干渉《かんしょう》」、すなわち、「遼東半島を返せ」という圧力をかけられたのです。

したがって、当時の国民の機運から見ても、すでに、「近い将来、ロシアと戦争になるだろう」という雰囲気《ふんいき》はあったようです。

純粋《じゅんすい》で激しい「国粋主義者」だった小村寿太郎

日清戦争の約十年後、実際に日露戦争が起きるわけですが、それに備えて、陸奥からバトンタッチされたのが、小村寿太郎です。二人の性格はまったく正反対ではあったようですが、陸奥は小村を買っていたようです。

小村という人は、アメリカのハーバード大学に留学された方でした。しかし、留学の後ろ盾《だて》になってくれた人が西南戦争で自決してしまったため、日本に帰って外務省に入っても、翻訳《ほんやく》係ぐらいでしか使われず、活躍《かつやく》できない時代がかなりありました。

小村は、肝《きも》がかなり太い方であったようです。身長は一メートル五十センチぐらいで、非常に小柄《こがら》な方であったのですが、「全身、これ肝の塊《かたまり》」という人であったらしいのです。

例えば、清の李鴻章《りこうしょう》と会談したときのことです。彼は大男だったらしいのですが、「清は大国だ」ということを誇示《こじ》したいためか、「貴国には、君のような小さな人しかいないのか」と言ってばかにしたそうです。

それに対して、小村は、「日本では、あなたのように大きな人は、相撲《すもう》取りにしかならないのです」と言い返すぐらいの気概《きがい》がある方でした。「図体《ずうたい》だけ大きくても駄目《だめ》だ。頭脳の勝負であることが分からないのか」と言いたかったのかもしれません。このように、かなり、気概があった方でした。

陸奥宗光は、議会制民主主義を、ある程度、理解するタイプの人であったと思いますが、小村寿太郎は、どちらかといえば、国粋主義者です。「かなり純粋《じゅんすい》で激しい国粋主義者であった」というように言われています。

日清《にっしん》・日露《にちろ》戦争では「英雄《えいゆう》」が数多く出て、国を勝利に導いた

このように対照的な性格の二人ですが、彼らの活躍によって、日清《にっしん》・日露《にちろ》という二つの大きな戦争を乗り切ることができました。要するに、両者とも、「日本が負ける」と思われていた戦争を乗り切った方であるわけです。

当時は、「清国に勝てるわけがない」「ロシアに勝てるわけがない」と言われており、一種の世紀末現象のような状態であっただろうと思います。

実際、ロシアはナポレオンにも負けなかったし、その後、ヒトラーにも負けなかったような国です。こういう国を破ったというのは、すごいことです。

もちろん、すでに霊言を収録した秋山真之《あきやまさねゆき》や東郷平八郎《とうごうへいはちろう》の活躍もありました（『秋山真之の日本防衛論』〔幸福実現党刊〕、『保守の正義とは何か』〔幸福の科学

出版刊〕所収)。

日本海海戦における、バルチック艦隊《かんたい》の戦艦の数は、日本の二倍もあったのです。そのため、「T字戦法で艦船の横腹を見せながら、並走して撃《う》ち合う」ということをやったとしても、実は、互角《ごかく》の戦いにしかならないものでした。要するに、互《たが》いに半分ずつ沈《しず》められてもおかしくない撃ち合いだったと思います。

外交評論家の岡崎久彦《おかざきひさひこ》氏は、「当時の海戦における砲弾《ほうだん》の命中率は、二、三パーセントを超《こ》えなかったのに、東郷平八郎以下の訓練の賜物《たまもの》で、日本の命中率は十二パーセントぐらいあった。つまり、技術的に優《すぐ》れていたため、撃ち合いに勝ち、パーフェクトゲームを成し遂《と》げられたのだ」というようなことを述べています。

当時は、軍人においても、外交官においても、さまざまな英雄が数多く出て、国を勝利に導いたのでしょう。しかし、その後、第二次大戦あたりになると、軍には凡将《ぼんしょう》がだいぶ出てきたようですし、外交官のほうも力が足りなかったように思われます。

霊言《れいげん》のなかから、「日本外交の鉄則」を引き出す

先般《せんぱん》の中国の漁船拿捕《だほ》問題では、海上保安庁が船長を逮捕《たいほ》し、那覇《なは》地検は、「日本の法律に則《のっと》って処分する」と言っていたのに、突如《とつじょ》、釈放《しゃくほう》しました。そして、今度は逆に、中国から恫喝《どうかつ》されて、「賠償を求める」などと言われたり、中国で日本企業《きぎょう》の社員が逮捕されたりしています。

そういう状況《じょうきょう》下で、今の政府は、ただただ政権の延命を図るために、責任回避《かいひ》に努めているように見えます。その結果、「地方分権」と「外交」とが一致《いっち》して、「那覇地検の責任において外交を行う」とでもいうような状態になっているわけ

です。

したがって、私は、「国家において、『外交の鉄則』『外交の原理・原則』というものが立てられなければいけないのではないか」と感じております。そのため、本日の霊言のなかで、「日本外交の鉄則」「日本外交の原理・原則」に当たるようなものを、一行なりとも引き出せればよいと思っているのです。

外務省にいる人たちも、陸奥宗光、小村寿太郎という先輩の意見には、多少は耳を傾《かたむ》ける気持ちがあるでしょう。

幸福の科学が幸福実現党を立ち上げたのは、結局、外交の危機を感じ取ったからです。今、それが現実化しつつあるのです。

特に、中国、北朝鮮《きたちょうせん》、ロシアあたりが接近する気運が出てきているため、今後、十年先、二十年先を構想する人がいなければいけないと思っています。

そういうことで、本日は、一般には少し馴染《なじ》みは薄《うす》いかもしれませんが、外交官の霊言《れいげん》を降ろしてみたいと思います。全編、外交問題になるかどうかは分かりませんが、この国の「外交の原理・原則」に当たるようなものを打ち出すきっかけができればよいと考えております。

前置きとしては、そんなところです。あとは、質問者が考えていることもあるでしょうから、いろいろと訊《き》いてみてください。

これは、まさしく、幸福実現党が政府に成り代わって発信しなければいけない内容ですし、私としては国師の仕事だと思っております。誰《だれ》かが指し示さなければいけない問題なのです。

私の講演というかたちで話そうかとも思ったのですが、やはり、こういう霊人の意見も聴《き》いたほうがよいと思いましたので、やってみます。

2 「中国漁船衝突《しょうとつ》事件」をどう見るか

大川隆法 （質問者に）では、よろしいですか。

（二回、深呼吸をする）

日本を代表する外交官・陸奥宗光の霊《れい》よ。

どうか、国難のときに当たり、わが国を救うためにご降臨たまいて、われらを正しい方向へと導きたまえ。

陸奥宗光の霊よ、陸奥宗光の霊よ。

どうか、ご降臨たまいて、われらに、この国の正しいあり方、向かうべき方途《ほうと》、正しい外交政策の原理・原則等、何らかの参考になるようなことをお教えくださればば幸いであります。

陸奥宗光の霊よ。どうか、われらを導きたまえ。

（約十秒間の沈黙《ちんもく》）

陸奥宗光　陸奥です。

立木　陸奥宗光先生、本日は、幸福の科学総合本部にご降臨いただきまして、まことにありがとうございます。

陸奥宗光　うーん。ハハ。まあ、珍《めずら》しいね。

立木　陸奥先生は、幕末のころより、維新《いしん》の志士として活躍《かつやく》され、その後、明治政府におきましては、不平等条約改正のための交渉、そして、日清《にっしん》戦争の指揮に当たられました。

特に、日清戦争においては、清国に対して強硬《きょうこう》姿勢を貫《つらぬ》き通し、かつ、同盟国がない状態で、「日本単独で戦い抜《ぬ》く」という決断をされました。そして、ロシア等のさまざまな干渉をはねのけながら戦い抜き、下関条約を結ばれました。

さらには、「三国干渉《かんしょう》」も乗り切り、明治の日本において、その後の発展の基本となる大いなる功績を遺《のこ》されたと思っています。

そうした外交の天才とも言うべき陸奥先生は、先日、尖閣《せんかく》諸島沖《おき》で起きた「中国漁船衝突《しょうとつ》事件」をどのようにご覧になっているのでしょうか。

あるいは、もし、この事件が起きたとき、陸奥先生が外務大臣等の立場でおられたら、どのような対処をされたか、お教えいただければと思います。

坂本龍馬《さかもとりょうま》が応援《おうえん》団長の「幸福実現党」のお手伝いをしたい

陸奥宗光　うーん、まあ、私の出番が回ってくるとは思わなかったけれども、坂《さか》本龍馬《もとりょうま》さんが幸福実現党の応援《おうえん》団長をしていて、いまだ実績を出せずに、非常に悩《なや》んでいらっしゃるのでね。私が尊敬している人の一人ではあるので、「何か、お手伝いをしたいな」と思ってはいたんです。

今、私が外務大臣だったら、うーん……、時代が違《ちが》うので難しいとは思うがね。私らは実戦をやってきているからね。実際に、明治維新の戦いを経てきた人間が、外交や戦争等に直面していたので、今のような平和ボケの状態が六十数年も続き、机上《きじょう》の空論、空理空論で話している平和主義の人たちとは、ちょっと違う。

私は実弾《じつだん》が飛び交《か》い、白刃煌《はくじんきら》めくなかでの戦いをやってきた人間だからね。だから、戦《いくさ》というか、戦争に対してリアリティーがあったわけよ。現実に、それが起きることだと思っていた。

それから、「正義」といったって、そういう「善悪」というのは、降って湧《わ》いたように決まるものではなく、両方に言い分があってぶつかるものなんだ。「幕府勢力」対「勤皇浪士《きんのうろうし》」というように、あるときにぶつかるものだね。

私は、こんなものを実際に見てきた者だからね。外国との戦い等も見てきた者なので、いつ何時《なんどき》、どういうことが起きるかは分からないものなんだよ。

だから、永遠に平和が続くというか、「竜宮城《りゅうぐうじょう》に住んでいるような気持ちでいる」というのであれば、そろそろ目覚めないといかんわね。〝世界の当たり前の姿〟をありのままに見なければいけない。

「ヒトラーが中国の国家主席だったらどうするか」を考えよ

今、あなたがた自身も、本当は驚《おどろ》いているんではないかな。

霊言集等で、「ヒトラーの霊が中国に忍《しの》び寄っている」など、いろいろな話が出てきて、「ほう！　はあ！」と物語のように見ていたと思うけれども、最近、尖閣諸島の漁船事件を見て、「もしかしたら、日中戦争になるかもしれない」とか、「覇権《はけん》主義の中国は、本当に日本やアジア諸国を植民地化していく気持ちがあるのではないか」とかいうことを実感した瞬間《しゅんかん》だったのではないだろうかね。

だから、戦後、マスコミや教育等がつくってきた幻想《げんそう》が、今、崩《くず》れ落ちようとしていると思うね。

あなたがたは、相手を、あまりにも善意に考えすぎているかもしれない。そうは言っても、「野心家というのは、時代を超《こ》えて、世界の国で次々と出てくるものだ」ということだね。

あなたがたは、自分たちの言っていることを、もうちょっと信じたらいいんじゃないか。「ヒトラーが中国の中枢部《ちゅうすうぶ》に入ろうとして、今、接近している。地下でつながろうとしている」と言っているんでしょう?

だったら、「ヒトラーの霊が中国の〝皇帝《こうてい》〟である国家主席だったらどうするか」という想定問答をつくってみたらいいよ。あるいは、「ヒトラーが中国の軍事・政治の全権を握《にぎ》ったら何をするか」ということを考えたらいい。

これは、これからの十年間、日本が立てなければいけない戦略の基礎《きそ》になるわな。

過去、ヨーロッパでも、融和《ゆうわ》政策で、「とにかく、事を荒立《あらだ》てないように」というようなことがあった。ヒトラーがラインラントに進駐《しんちゅう》したり、いろいろな国を取っていったりしても、「そこだけで終わるだろう。それで平和が維持されるだろう」と、あまり刺激《しげき》しないで、現状維持をしていたね。

ヒトラーが国を取っても取っても、「それで終わりだ。現状維持で、戦火を拡大しないようにしよう」などという融和策をやっていたら、ヒトラーは領土をどんどん広げていった。

最後、チャーチルが意を決して戦うことを決めなければ、どうなっていたか。

要するに、チャーチルが「どうしてもヒトラーを倒《たお》す」と肚《はら》を決めた結果、ヒトラーは敗れたんだと思う。

あのとき、卑怯《ひきょう》な首相だったら、やはり、イギリスも滅《ほろ》びていただろうし、アメリカも本腰《ほんごし》を入れてまで、助けはしなかっただろうね。その結果、違ったかたちでの〝ＥＵ〟ができていたかもしれない。ドイツが支配する全体主義体制としての〝ＥＵ〟ができていただろうね。

まあ、あなたがたは、「今、中国にヒトラー型の人が出てくるとしたら、何をするか」ということを考えればいい。

中国は「軍事力」を「経済力」に変えるつもりでいる

あなたがたは、「共産主義、社会主義を奉《ほう》じたら、全体が貧しくなりますよ」ということを言っているようじゃないか。要するに、共産主義、社会主義というのは、「富める者から、累進課税《るいしんかぜい》などで富の搾取《さくしゅ》をして、貧しい者にそれを再分配し、平等社会をつくる」という考え方だな。

ただ、「中国は、そういう共産主義というか、社会主義的全体主義のもう一つの道を見出《みいだ》したのかな」という感じがしているんだよ。

こういう全体主義は、軍国主義国家になりやすいんだけれども、そうした国には、「軍事費を費《つい》やしたら、その使った軍事予算分を金《かね》に換《か》えたい。財産に換えたい」という気持ちがあるわけよ。

それは国内ではどうにもならない。軍事費は、単なる消費にしかすぎないかもしれないが、その軍事力によって外国の領土を取れたり、外国の資源を取れたり、外国の富を巻き上げたりすることができたら、外国の富を国内で再分配することができる。

すなわち、衣食を節して、軍事に使った金が取り返せるわけだ。そして、その富を国内にばら撒《ま》くことによって、豊かな平等社会もつくれるのではないかという幻想にかられる。

だから、軍事費の拡大に継《つ》ぐ拡大を続けた者は、そういう幻想に取り憑《つ》かれやすいわけだよな。

ヒトラーもそうだろう。第一次大戦で敗れて廃墟《はいきょ》になったドイツを立て直すために、軍事増強をしたんだけれども、結局、他国を侵略《しんりゃく》することで、その使った部分を取り返したくなったんだと思うね。

だから、中国はアジアからアフリカにかけて支配圏《しはいけん》を広げることで、おそらく、軍事力を、全部、経済力に変えていくつもりでいるんだろうと思う。それが、たぶん、向こうの考え方の正体だろう。

中国にそそのかされ、北朝鮮《きたちょうせん》が日本に核《かく》ミサイルを撃《う》ち込《こ》む可能性

「日本が憲法に縛《しば》られて動けない」ということであれば、「日本の息の根を止めるかどうか」というのは、もう、中国の判断で決められることになるわね。

だから、「『戦争もできなければ、自らの力で原爆《げんばく》もつくれないような国が、中国と対等に尖閣諸島の領土争いをする』など、百年早い」というのが向こうの考

えですよ。

「取ろうと思ったら、尖閣諸島など一瞬で取れる。こんなものはお遊びであって、おたくさまの本土だって、簡単に取れるんだよ。それが分からないのか。今は、その最終段階であり、アメリカ軍を沖縄《おきなわ》から追い出して、グアムにまで帰ってもらうことに成功しさえすれば、日本列島を取るぐらい簡単だ。三十分以内で壊滅《かいめつ》させられるぞ」と言って脅《おど》せば済むことだからね。

中国が自分の手を汚《よご》したくなければ、北朝鮮《きたちょうせん》に経済援助をすることと引き換えに、「日本に核《かく》ミサイルを何発か撃《う》ち込《こ》んでおいてくれ」と言えばいい。アメリカが攻撃《こうげき》するとしても、北朝鮮を攻撃するわけであって、中国は、全然、痛まない。

そういう軍事同盟は、当然、水面下で結んでいるでしょうから、「石油と食料と武器弾薬を補給してあげるので、お前の所から撃ち込め。日本は何もできないから大丈夫《だいじょうぶ》だ」と言ってそのかしたら、撃つかもしれないね。

金正日《キムジョンイル》の三男が後継者《こうけいしゃ》になったので、成果を挙げたいものね。〝将軍様〟として実績を一つ挙げたいから、日本の主要都市のどこかに何発か撃ち込んで、日本人を震《ふる》え上がらせる。そうしたら、国威発揚《こくいはつよう》して、国民から「ワア、偉大《いだい》な将軍様が出てきた」と言われることになる。

そのあたりは、外交官なら、当然、考える筋だよな。

その場合、アメリカは、北朝鮮を攻撃するのかどうか。中国とは、直接対決を避《さ》けたいのかどうか。北朝鮮だけを攻撃するのかどうか。

そもそも、日本の国論によるけれども、「日本に核ミサイルが撃ち込まれた場合、そのあとで戦争する気になるかどうか」ということを想像してみたらいいよ。

主要都市のどこかに落ちたミサイルが、もし核を積んでいるものであれば、命中精度など、どうでもいいわけですよ。百キロ、二百キロずれても別に構わないですよ。落ちたら、勝ちなんです。海に落ちたら、少しもったいないけれども、陸地に落ちたら、もうそれで十分な効果がある。「また、どこに落ちてくるか分からない」というのも怖《こわ》いからね。

だから、どこでもいいんですけれども、核ミサイルさえ、一発、二発、撃ち込めば、今の菅《かん》政権なら、日本は、即《そく》、白旗を掲《かか》げるだろうと見ているでしょうね。今の沖縄の尖閣諸島問題から見れば、向こうが「核を使う」「日本を火の海にする」と発表した段階で、白旗になるのではないでしょうか。

その段階だったら、もうアメリカもどうしようもないと思う。「これから、グアムの戦略爆撃機で攻撃します」と言っても、その前に日本が白旗を掲げている状態であれば、「いや、そんなことをしたら、相手を刺激してしまいます。もっと撃ち込んでこられたら困ります」というような感じになるよね。

今の政権には「被害《ひがい》はこれで止めたい」というような発想の人たちがいるから、

「日本人が何とか生き残れるほうがいい」などと言いそうな感じだね。

そのへんも、国際社会では、全部、読み取られています。北朝鮮や中国も読み取っているし、アメリカも、当然、読んでいるし、世界各国もそう見ている。

「中国漁船衝突《しょうとつ》事件」は、日本の態度を見るための「試金石」

今回の事件（中国漁船衝突《しょうとつ》事件）を通して、アジアの国々も、「もし、日本と中国が衝突したらどうなるか」を見ているわけです。「今後、米国の後ろ盾《だて》を得ている日本が、中国と何度も繰《く》り返し衝突する」と見ているので、今回の事件は、そのとき、日本がどういう態度を取るかを見るための試金石なんだ。

それで、「中国が強硬策を譲《ゆず》らずに、日本のほうが引いていく」ということであれば、「日本の味方についたら負けだ」ということが見えてくるわね。そうなれば、アジア諸国は、中国の言いなりになるほうへとなびいていく。これがいちばんの狙《ねら》いですよ。

要するに、「アジア諸国を、全部、中国の核の傘《かさ》の下に置いて、次にアフリカのルートまで押《お》さえたい」ということだ。中国の目的は、ここにある。

そして、アメリカが、イラクやアフガンから撤退《てったい》し、日本や韓国《かんこく》からも引いていこうとしている流れのなかで、もう一回、攻《せ》めてこれるかというと、それは、残念ながら厳しい。中国は、アメリカ経済にもすでに手を伸《の》ばしており、「いつでも没落《ぼつらく》させられるぞ」という脅しをかけているわけだ。「国債《こくさい》を全部売り払《はら》うぞ」と言ってくるでしょうからね。

アメリカも、民主党政権で弱くなって気の毒な状況《じょうきょう》のときに、日本も同じく弱くなり、流れが逆流しているね。

アメリカは、十八世紀から十九世紀の帝国主義の本場ですよ。しかし、今は、中国がそうです。ずばり、富国強兵、帝国主義です。「国力を上げて、軍事力を拡大し、侵略を着々と進める。やられたことを仕返ししたい」と、まあ、こんな感じですね。

中国にとっていちばん怖《こわ》いのは、日本が「侍《さむらい》国家」に変わること

したがって、日本のとるべき策は、もちろん、あなたがたが言うように、「日米同盟の強化」もあるけれども、中国は、もうそこまで計算済みであり、「アメリカをどうやって追い込んでいくか。追い出していくか」ということをやっているわけだ。もちろん、陰《かげ》では、民主党政権が続くように一生懸命《いっしょうけんめい》支えるとは思う。

しかし、中国にとっていちばん怖《こわ》いカードは、やはり、日本が「侍《さむらい》国家」に変わってくることだろうね。まさしく、「国家としての主権を護《まも》る気概《きがい》があるか

どうか」ということが問われていると思いますね。

要するに、「日本国民は、アメリカからいただいた憲法を守り続けて死ぬのか」ということだ。これは一種の〝宗教〟かねえ。キリストの言葉を守って、ライオンに食われていく人みたいだね。

そんなところが試《ため》されている。だから、今、リアリストが要《い》るんじゃないかな。

この十年と言わず、数年以内に軍事的衝突は起きると判断しますので、私なら、もう備えに入りますね。お金なんかばら撒いている場合ではありません。

「どうやって国を護れるか」という備えに入ります。国防をやります。当然ですね。

3　中国の軍事力にどう備えるか

日本は最終的に「核武装《かく》」するだろう

立木　「備え」と言いますと、いろいろな選択肢《せんたくし》があると思います。先ほど、中国の核《かく》の脅威《きょうい》についてのお話がございましたが、日本独自でも核武装の検討をしないといけないのではないかと思います。

陸奥宗光　ああ。最終的には、そうなると思いますよ。

立木　はい。

陸奥宗光　最終的にそうなる。もう、二、三回、脅《おど》されたら、結局、我慢できなくなると思います。優柔不断《ゆうじゅうふだん》であった分だけ対策が遅《おく》れますが、最終的にはそうなると思う。

例えば、途中《とちゅう》の段階であれば、「アメリカに戦ってもらう」とか、「アメリカに攻撃《こうげき》してもらう」という手はあります。あるいは、「インドと日印軍事同盟を結び、日本が北朝鮮や中国から核攻撃を受けたら、インドに核兵器を発射してもらう」という手もあります。

それは不可能ではないと思いますし、やってもよいとは思うけれども、インドから、「そちらのほうが大国なのに、うちに護《まも》ってもらおうとするんですか」と言われそうで、ちょっと情けない感じはあるでしょうね。

「かつてイギリスを追い払《はら》った日本が、なぜそんなに弱いんですか」というところでしょうかね。「『インドから核ミサイルを発射して、護ってもらいたい』と言うぐらいだったら、自分の国でつくりなさい」と言われるでしょう。

日本が核武装をすれば、それこそ、対等の防衛網《もう》を構築できるわけです。それで、対等に「日印」、あるいは、「日米印」という三国間の軍事同盟を結ぶというのであれば分かりますわね。

「『インドが中国から核を撃《う》ち込《こ》まれたときには、日本が加勢してくれる』ということなら分かります。当然、対等ですから、その場合は、同盟を結んでもいいですよ。これなら、十分、防衛力になります。しかし、『日本は何もしないが、日本がやられたときはインドが参戦する』というのは、いくら何でもどうでしょうか」と言われるでしょうね。

これは、もう時間の問題だと思います。

「平和宣言」という〝国是《こくぜ》〟を捨てよ

そのためには、マスコミ全部を敵に回しても、断行するだけの力が必要でしょうね。アメリカに頼《たの》んでも、インドに頼んでも、最終的には、日本自体が白旗を掲《かか》げてしまったら、負けは負けです。それでは、国を護れないですね。

だから、日本の国是《こくぜ》のようになっている、広島・長崎の「平和宣言」だの、「黙禱《もくとう》」だのは、もう捨てなさい。戦後十年もたったら、もういいよ。「六十五年もたって、まだやっている」というのは、これは完全に〝宗教の世界〟に入っているね。

「軍部の独走によって戦争が起きて、原爆《げんばく》を落とされたから、こんな不幸な目に遭《あ》いました」と言って、謝《あやま》ったり、後悔《こうかい》したりしているんだろう？　そして、

「再武装したら、また落とされるぞ！」と脅している。こんな感じで、「自分の国は悪い国です」という思想が延々と続いているんだろう？

こんな国をいったいどこが助けるんだよ。悪い国なら、日本は滅《ほろ》びなければいけないが、悪い国はこちらじゃなくて、あちらではないですか。あちらのほうが悪い国ではないですか。侵略《しんりゃく》の野心が満々なんだから。

それで、「北朝鮮の核問題を解決しよう」などと言って、六カ国協議をやっているが、何のことはない。中国は北朝鮮と裏で〝同盟〟を結んで、助けているんですからね。もう笑い話です。国連だって、機能していないわね。

ロシアとの経済交流を強化し、中国との関係を分断せよ

外交的には、もちろん、インドに近づかなければいけないと同時に、ロシアと

中国を緊密《きんみつ》な関係に置かせないよう、完全に分断しなければいけない。インドに接近するのは当然ですけれども、ロシアが中国と接近しすぎないように、これを分断する必要があるのです。ロシアとの経済交流等を強化して、完全にくっつかないように利益誘導《ゆうどう》をかけないといけないですね。この関係を割らなければいけない。

それと、やはり、アメリカとの同盟強化、および、アメリカの没落《ぼつらく》を止める策を立てなければいけないと思いますね。日米の繁栄《はんえい》を図れる方法をもっと考えなければいけない。

と同時に、中国が、もうこれ以上、経済的に肥大化しないように策をめぐらす必要はありますね。何て言うか、企業《きぎょう》に勝手なことをさせて、中国を儲《もう》けさせ、肥大化させているが、結局、「軍事予算をそこからいっぱいつくられる」というのなら、「お笑い」に近いでしょう。

ＯＤＡ（政府開発援助《えんじょ》）もずいぶんやったと思います。三兆円ぐらいやったかと思いますが、それが中国の軍事予算になったり、また、アフリカにばら撒《ま》く金になったりして、いろいろと化けているんですからね。

だから、向こうが考えていることは、全然、違《ちが》うんです。

靖国《やすくに》神社の「分社」を首相官邸《かんてい》の庭につくれ

今、自分たちの国を護る気概《きがい》がないのなら、それは日本人が悪い。「滅びに至る決意をした」としか言いようがない。やはり、本当に、本気でそう思っているのかどうか、訊《き》くべきですね。

だから、「広島・長崎」のところはもう封印《ふういん》してしまいなさい。原爆を落とされたことをもって「正義だ」というような言い方は、論理的におかしいですよ。

落とされたならば、「落としたアメリカが悪い」と、きちんと言いなさい。「原爆を落とされたので、それが正義の御旗《みはた》になる」というような考え方を持っていたら、永遠に〝独立国家〟にはなれませんよ。

今後も、今のような日米の友好関係を結びたいのならば、日本のなかで、「原爆は落とすべきではなかった」という主張をきちんと持つべきです。きちんと反省すべきなのは、本当はあちらなんです。

まあ、同盟関係を維持《いじ》するためには、多少、遠慮《えんりょ》は要《い》りますけれどもね。ただ、そう思っていないといけない。「落とされたほうが悪い」という論理は、立てるべきではない。「もう二度と、あのくだらない平和の誓《ちか》いはするな」ということを言わなければいけないし、靖国《やすくに》問題も同じだね。

ああいうもので、内政干渉《かんしょう》を延々とさせてきた。これは民主党だけでなくて、自民党政府もずっとそうだったでしょう。延々とやらせてきたね。

これは、もう反省しなければいけませんわ。こんな、内政干渉を招き寄せるような政治、それからマスコミの態度、これら全部が日本植民地化のためのステップになっているんですよ。やはり、考え方を変えるべきですね。

靖国神社云々《うんぬん》と言われるのなら、靖国神社の分社を首相官邸《かんてい》の庭につくりなさいよ。それがいちばん安全で早いからね。玄関《げんかん》を出て、すぐ参拝できるようにするべきですよ。一般《いっぱん》の人と一緒《いっしょ》にならないようにして、そこで、毎朝、拝んでから出勤したらよろしい。

やはり、「言い返せない」というのは、少なくとも外交のレベルでは恥ですよ。例えば、ベトナムやイラクがアメリカから攻撃を受けたとか、まあ、いろいろあるとは思うけれども、だからと言って、「アメリカ大統領がアーリントン墓地に献花《けんか》するのは許されない」と言って怒《おこ》るなんて、もうばかばかしくて話にならないわな。

まあ、それと同じだ。やはり、「国民を護る気概があるなら、きちんとそれなりの態度を取りなさい」ということだね。

「国を護《まも》る気概《きがい》はあるのか」を国民に問え

もう、そんなに時間はないと思うよ。植民地化という言い方は、まだいいほうで、最後は、「中国の一省に組み入れられる」ということだ。

これは植民地化ではないんじゃないか？　中国になるんだろう？　台湾《たいわん》や香港《ホンコン》と同じになるんだろう？　彼らは、もちろん、そう考えていると思いますよ。

それで、日本を、アメリカから中国を護《まも》るための防波堤《ぼうはてい》に使うつもりだろう。考えとしては、おそらくそうです。日本を取れば、あとは、挟《はさ》み撃《う》ちで韓国《かんこく》も取れるからね。〝挟み将棋《しょうぎ》〟だね。

そういう考えだろうと思いますので、すごく悪質な政治指導者が出てくると思います。かなり傲慢《ごうまん》になっています。北京《ペキン》オリンピックと上海万博《シャンハイばんぱく》の二つをやって、かなり傲慢な感じになっていますよ。

だから、日本人の会社員を逮捕《たいほ》してね、まだ解放しないなどと言って（収録当時）、中国漁船衝突《しょうとつ》時のビデオを公開させないための交渉材料のように使っている一方で、中国人観光客が堂々と皇居へ来ている。団体でゾロゾロ来て、皇居で写真を撮《と》りまくってますよ。

これはやはり、同じことをやったらいいんですよ、ほんとはね。「天皇陛下の動静を探《さぐ》るために、中国の秘密工作員が写真を撮っている」と言って、バスを丸ごと接収してしまえばいい。一台丸ごと、桜田門《さくらだもん》（警視庁）に引っ張っていって、尋問《じんもん》してしまえばいいんです。

しかし、いまだに、皇居にカメラを向けて、写真を撮りまくっていますよ。旅行会社の旗を持ってね。「日本人は何《なん》にもしない」と思っているから、平気です。安心し切っていますよ。

今度、また、中国窃盗《せっとう》団が出たら、これは国家の秘密エージェントが来てやっているかもしれないので、厳重に取り締《し》まらなければいけないでしょうね。

今年の春、日本人が麻薬《まやく》密輸で死刑執行《しけいしっこう》されたあたりから、もう一段の対応を考えるべきであったと思います。

要するに、「中国の国内法は日本人に適用されるが、日本の国内法は中国人には適用されない」というようになってきつつあるんでしょう？

かつてアメリカが、「アメリカの国内法は世界法だ」ということで、外国の元首だろうが何であろうが、取っ捕まえていましたけれども、中国が今、それをやろうとし始めているということだね。

これは、もう決断すべきだと思います。今の政権では、はっきり言って、もう無理だと私は思うので、「国を護る気概《きがい》があるのか」「今の政権と心中する気はあるのか」を、国民に問わなければいけないですね。

自民党も同罪です。何十年かかけて、だんだん左傾化《さけいか》してきたのは、自民党も一緒でしょう。これはもう駄目《だめ》です。

だから、あなたがたは、もう少し刺激《しげき》のあることも言わなければいけない時期が来ているかもしれませんね。

「亡国マスコミ」に対する不買運動の準備を

立木　中国に対する見方として、マスコミ等でよく紹介《しょうかい》されるのは、「今の胡錦濤《こきんとう》体制は、むしろ国内の軍部や過激な世論《よろん》の圧力に押《お》されて、強硬《きょうこう》なことを言ってきているため、うまい着地を図ってあげないといけない」というものです。いまだにそういう理解があるのですが。

陸奥宗光　そういうマスコミが中国にいたら、中国では絞首刑《こうしゅけい》になるんですよ。「国家の権力者が弱い」というような判断をしたら、中国では絞首刑になるんです。

日本だけですよ、そういうふうに同情的に言ってくれるのは。独裁国家を民主主義国家であるかのごとく持ち上げて書き、同じ地平に立っているように印象づけて、擁護《ようご》しているんでしょう？　彼らも、地下牢《ろう》に入ってもらわないといけない連中ですね。

中国を持ち上げて、いかにも民主主義国家であるかのような言い方をしているが、実際は違う。完全に独裁国家です。上の判断に逆らえるようなものは何もありません。「命令一下、全部、動いている」ということですね。

だから、そういうことを言うマスコミに、もう腹を切らさないといけませんね。軟弱《なんじゃく》ですわ。それが国を滅ぼすのですから、「亡国マスコミ」だね。そういうところに対しては、不買運動の準備に入らなければいけないでしょうね。

立木　私どもとしては、「日本が毅然《きぜん》とした態度を貫《つらぬ》くことが、中国の膨張《ぼうちょう》を食い止める。それによって、かえって、中国国内の不満が、外へ向かわずに、内側に向き、中国政府が民主化していく」と理解しています。そういう大きな戦略の下《もと》で考えてまいりたいと思います。

4　ロシアとの関係について
ロシアの「苦しみ」に日本は冷淡《れいたん》すぎた

立木　あと一つ、お伺《うかが》いいたします。先ほど、ロシアの話が出ましたが、ここで、どうしても問題になるのが北方領土の問題でございます。

陸奥宗光　うん。

立木　最近、ロシアのメドベージェフ大統領が「北方領土を訪問する」と発表し、実効支配強化の流れがありました。また、「中国と歴史観を共有する」という動きも出てきております。
こうした点を踏《ふ》まえて、ロシアを中国から引き離《はな》し、ロシアとの外交を上手に進めていくための具体的な方策や考え方などがありましたら、教えていただければと思います。

陸奥宗光　日本は、ロシアに対して、少し無関心すぎたと思いますよ。ロシアは、先のゴルバチョフ失脚《しっきゃく》以降、いったん崩壊《ほうかい》し、戦後の焼け跡《あと》からの立て直しのような塗炭《とたん》の苦しみを味わいながら、経済の復興をやってきたんだが、日本のほうは、すごく冷淡《れいたん》だったと思いますね。
本来、日本に対する国民感情は、そう悪くなかったのにもかかわらず、少し冷淡すぎたと思います。それは、やはり、外交戦略的に見て、「ロシア通の人が少なかった」というのもあろうかとは思うし、長らく仮想敵国だったからね。しかし、もう一度、戦略を立て直す必要はあると思いますね。

今、社会主義政府の再結集などされたら、たまったものではありません。せっかく、今、ロシアで宗教の復活が起きているぐらいですので、何とか、それは食い止めなければいけない。

ロシアと中国の「共通点」とは？

ロシアは、「中国との関係はメリットがある」と見ているのだろうけれども、共通するところがあるとしたら、おそらく、「近隣《きんりん》諸国をそうとう取っている」という点ですね。

ロシアも、いろいろな共和国を併合《へいごう》しています。そこで、みな、独立運動を起こされたら、内戦状態になるため、「現状を固定したい」という気持ちがとても強いのだろうと思うんですね。それは、中国も一緒《いっしょ》ですから、そこがいちばん「痛い」ところでしょう。

ロシアも、結局は、ほかの国をかなり取っています。先のソ連の崩壊で、だいぶ独立されましたけど、今だって、本当は一国ではなく、幾《いく》つかの共和国を束ねているところがありますし、内戦もやっています。

やはり、そのへんに火がつくのは嫌《いや》だからね。北方領土を返還《へんかん》したりすると、「うちも還《かえ》せ」と言ってくるところが出てくるわけだ。それに対して、国内では、しっかり軍事介入《かいにゅう》しています。

だから、その点では、中国と似ているところがあるんです。外国によって、そういう内戦状態を起こされないように気をつけていると思いますね。

北方四島は、中国との問題が解決したあとでよい

ただ、優先順位は付けなければいけないと思うんです。

今は、北朝鮮《きたちょうせん》と中国の問題が最優先です。ロシアの問題は、向こうは心配しているだろうけれども、実際、北方領土そのものは大した価値はないのでね。観光資源と漁業資源が一部あるぐらいで、大した価値はないため、私は、戦略的には時期を少しずらしても構わないと思います。

同時にやるだけの力は、日本にはないと思うのでね。あとは、民間のほうで、シベリア地区との交流を盛《さか》んにしていって、もう一段、豊かになるような策を立てていくことです。まずは、それが先かな？

やはり、「ロシアの再建に関して、日本はあまりにも冷たかった」と思います

ね。ここは、アメとムチを使い分けないといけないと思います。

ロシアは、今、「中国と結びついたほうが経済的にもよい」と考え始めているのではないかと思いますが、本来、中国とロシアは仲が悪いんです。だから、最終的には、朝鮮半島を挟《はさ》んで、また権益の取り合いが始まりますよ。

結局、中国にとって、北朝鮮というのは、韓国《かんこく》へのにらみ、アメリカへのにらみ、日本へのにらみであると同時に、ロシアへのにらみでもあるんです。

中国は、北朝鮮を核《かく》開発国、核ミサイル国にすることで、いざというとき、実はロシアに対しても、牽制《けんせい》するつもりでいます。つまり、事実上の植民地にしているんですね。

ここは、明治時代からいつも紛争《ふんそう》の多発地帯ですので、絶対的な正義などありえない。だから、ある程度、合理主義で行かざるをえないでしょうね。

逆に、ロシアの力が強くなってくると、今度は、中国の内モンゴル自治区の辺りを、全部、ロシアが取りに来るのです。次はね。そのとき、〝裸《はだか》〟にされるのは、中国です。それは、もう、力関係ですから。そんなものですよ。

ただ、日本列島は海に挟まれているので、そうとうの艦船《かんせん》がなければ占領《せんりょう》はできません。そのため、艦船保有量を見れば、中国がどのぐらい本気かが分かります。

保有量を見て、「攻撃《こうげき》はできても占領できない」というところから、「占領できるかもしれない」というところまでの時間を計らなければいけないですね。

最悪の場合は、植民地化ではなくて、併合される可能性がある。この百年の怨《えん》恨《こん》から見れば、十分な動機はあると見てよいでしょう。

北方四島に関しては、私は、中国との問題が決着したあとでもよいと思います。

立木　承知しました。本日の教えをもとに、幸福実現党の政策を国民にしっかりと訴《うった》え、国難を打破してまいりたいと思います。

日本に「国益」を考える政党を

陸奥宗光　まあ、国粋《こくすい》主義や右翼《うよく》のように聞こえるかもしれないけれども、国益を語れない国家は駄目《だめ》ですよ。ほかの国は、みな、国益をきちんと語っているわけです。中国は、日本から見れば左翼だけれども、中国から見れば右翼なんですよ。やっていることは、国益の塊《かたまり》ですからね。

ロシアだって右翼なんです。アメリカも右翼なんです。基本的に、みな、国益中心に動いているんですよ。北朝鮮も自分の国から見れば右翼なんです。イランだって右翼なんです。イスラエルも右翼なんです。

だから、みな、国益を中心に考えているんです。日本だけが国益を考えずにやろうとしているので、「因幡《いなば》の白兎《しろうさぎ》になりますよ」と言っているんです。

これでは駄目です。「数年以内に、軍事的な衝突《しょうとつ》は起きるものだ」と思って、備えをすべきです。甘《あま》いご機嫌取りの、票を取るためだけの、そういう間違《まちが》った予算の分配にならないように気をつけたほうがよろしいと思いますね。

立木　その点を、しっかり訴えてまいりたいと思います。

陸奥宗光　これは、現実の危機なんです。「本当に、それでいいんですか？」ということですね。

元寇《げんこう》のときには、対馬《つしま》の民《たみ》が連れ去られましたが、そのようなことが起きても、本当に、あなたがたは我慢《がまん》できるんですか？　それでも、「何もしないことが平和だ」と思っているんですか？　手に穴を開けられ、綱《つな》で船側《せんそく》にぶら下げられたり、女子供が連れていかれたりすることを「平和」と言うんですか？　北朝鮮に拉致《らち》された人たちは、似たような境遇《きょうぐう》なんです。それでも、何にもできない政府なんですよ。

これはもう、国是《こくぜ》を変えるべきだと私は思いますね。

今、正しいのは、「この国に『国益』を考える政党がなければいけない」ということです。「マスコミの反応が怖《こわ》くて、政策をすぐ引っ込《こ》めるような政党は臆《おく》病者《びょうもの》であり、もうそんなものは要《い》らない」ということですね。少なくとも、二つも要らないです。

立木　はい。政権与党《よとう》になるべく、しっかり頑張《がんば》ってまいります。

陸奥宗光　うん、うん。そうだね。

立木　ありがとうございます。それでは、質問者を交替《こうたい》させていただきます。

5　沖縄《おきなわ》の米軍基地の必要性

里村　陸奥先生、本日はまことにありがとうございます。私は、広報局の里村と申します。

昨日、ちょうど、陸奥先生の評伝を書かれているO先生とお会いしまして、今の日本の外交について、あるいは、こうした霊言《れいげん》について、いろいろとお話をさせていただきました。

陸奥宗光　ああ、そうか。

里村　その翌日に、こうして、直接、陸奥先生にご見解をお伺《うかが》いする機会をいただきまして、たいへん光栄に思っています。

陸奥宗光　Ｏさんも、心配していることだろう。

里村　たいへん心配しておられました。

陸奥宗光　もう年だしね。「この国は大丈夫《だいじょうぶ》か」と、本当に心配しているだろうな。

里村　日本の行く末を本当に案じておられまして、「政治家においても、マスコミにおいても、堂々と正論が語られていない」ということを、非常に、心配しておられました。
そこで、陸奥先生に、まずお伺いしたいのですが、先ほど、ちょうど、「広島・長崎」という地名が出ました。

陸奥宗光　うん。

里村　日本では、もう一カ所、「沖縄《おきなわ》」という地名がございまして……。

陸奥宗光　ああ、うんうん。

里村　ある意味で、「日本は、いまだにアメリカの占領国《せんりょうこく》である」というようなプロパガンダが、政治家、あるいは、マスコミから流されており、今、沖縄では、

「米軍基地を撤去《てっきょ》せよ」という声が非常に強くなっております。

陸奥宗光　いや、それはもう中国のスパイが、そうとう入っていると思いますよ。

里村　ええ。このへんについては、沖縄県知事選をはじめ、あらゆる選挙において、保守も革新もみな、「米軍基地、反対！」と声を揃《そろ》え、幸福実現党だけが、米軍基地の必要性を主張しております。

そうした沖縄の現状を踏《ふ》まえた上で、「『米軍基地を撤去せよ』と言うことが、日本にとって正しい道なのか」という点について、まず、陸奥先生のご見解をお聴《き》かせいただければと思います。

沖縄に米軍基地があれば、中国は自由に動けない

陸奥宗光　死にたければ、そういう愚《おろ》かな選択《せんたく》もありましょう。琉球《りゅうきゅう》に戻《もど》りたいのであれば、そういう選択はあるでしょう。「中国に、いちばん最初に呑《の》み込《こ》まれたい」という意思表示であるなら、そうでしょう。

それに、日本のほうが、主権国家としての求心力を、今、捨てようとし始めているでしょう？　「地方分権」と言って、主権国家であることをやめようとしているんでしょう？　そういう思想の持ち主が、今、トップに立ってきているわけですから、まことに、本当に、めぐり合わせとしては悪いめぐり合わせですね。

その「沖縄の米軍基地を撤去せよ」という意見が、「日本の自衛隊を強化して、米軍の代わりができるようにする」という意味であれば、それは、独立国家とし

ての気概ですから、別に構いません。

しかし、そういう考えは特になく、ただ、「出て行け」というのであれば、やはり、それは、中国側の運動員が、そうとう根回しをしているということだと思うし、日本のマスコミにもそうとう入っていると思いますね。

沖縄の米軍基地は、中国にとっては、のど元に刺《さ》さった骨みたいなものです。中国から見れば、この沖縄の米軍基地があるがゆえに、自由に動けないのです。ここの睨《にら》みは、そうとう利《き》いていますのでね。

これが、グアムまで下がってくれたら、それは、もう自由自在ですよ。日本近海をぐるぐる回ったぐらいでは、もう、何ともない。平気ですよ。基地を撤去したら、本当に自由自在に動き始めますので、沖縄は、やはり要《かなめ》でしょうね。

だから、「米軍撤去」を言うのであれば、「日本の自衛隊が、きちんと、それに勝《まさ》る備えをする」ということと、ワンセットでなければいけないですね。

里村　それを言わないのは、無責任であるということですね。

陸奥宗光　もう、無責任を通り越《こ》して、無能というか、無策というか、まあ、チンパンジー程度の頭脳だよなあ。

マスコミもこれを支持しているのであれば、そのマスコミは、もう人類以下なんではないか。ボノボ（類人猿《るいじんえん》の一種）かな？　これ、何て言うのかね？

遺伝子的には人間と似ているけれども、人間ではないものだよ。うん。それに近いな。

彼らは、国を滅《ほろ》ぼそうとしているんですからね。

今後、中国で日本の工場や企業《きぎょう》秘密が接収されていく

流れ的には、中国という巨大《きょだい》ブラックホールができて、吸い込まれようとしつつあります。その裏にあるのは、マスコミのスポンサーになっている経済界だと思いますよ。今、財界のほうがスポンサーになっていますからね。いろんな広告媒体《ばいたい》等のスポンサーになっているので、中国進出を容易化するように圧力をかけているはずなんですよ。

だから、トヨタをはじめ、その他の企業《きぎょう》もいっぱい圧力をかけていると思いますが、トヨタも、「十年以内に、自分たちの中国の工場《こうじょう》が、中国政府に、全部接収される」というようなことを、まだ考えていないと思うんですよ。

まだ、売り上げの数字を上げることしか考えていなくて、政治的なところの考

えが、十分ではないね。ものをつくって売ることしか、考えていないけれども、あっという間に接収される。もう、主席が一言、「日本の工場を全て接収せよ」と言ったら、その日のうちに、中国政府のものになってしまう。あの尖閣《せんかく》諸島の一件を見て、そのことがまだ分からないんだったら、愚かだとしか言いようがないね。

だから、政経分離《ぶんり》、つまり、「政治と経済とが分離している」というようなことは、今後の世界ではありえない。それを知らなければいけないと思います。

まあ、軍事的な衝突《しょうとつ》も、やはり、政治や外交の延長上にあるのでね。

今、経済界は、だんだん、民主党政権のほうを〝既成《きせい》事実化〟しているが、これが中国寄りになっていけば、経済的に拡大して利益が出ると思ってやっている。そして、中国を利用し、利益をあげた企業をほめたたえるような傾向《けいこう》が出ているが、これは全部、引っ繰《く》り返ってくるからね。そのうちに、間違《まちが》いなく引っ繰り返ると思う。

もう、トヨタだろうと何だろうと、中国に出ている企業は、その企業秘密をそのまま押《お》さえられて接収されます。要するに、これは、「現地で生産できるものが、中国の〝国産〟のものに変えられる」ということを意味していますよね。

中国は、国際法が通用しない国なんです。そのカントリーリスクについて、今、民主党政権は、「企業各自の責任で、カントリーリスクを負え」などと、無責任なことを言い出しているんでしょう？　これはもう、「国家としての解体への道を、今、歩んでいる」と言わざるをえないですね。駄目《だめ》ですね、これは。

里村　はい。今回の尖閣問題や、米軍基地問題等、さまざまなご教示をいただきまして、ありがとうございました。

6　日本外交で押《お》さえるべきポイント

里村　日本は、明治以降、日英同盟の下《もと》で、また、戦後は、日米同盟の下で、独立を守ってまいりました。

しかし、今、そうした日本の独立の基《もとい》が、外交問題から崩《くず》れようとしております。

そこで、陸奥先生に、海洋国家・日本の「外交の鉄則」と申しますか、ここだけは押《お》さえておかねばならないというポイントについて、お教えいただきたいと思います。

「日本がアジア諸国を護《まも》る」という方針を打ち出せ

陸奥宗光　いや、今度はですね、先の戦争の反省に鑑《かんが》みて、「日本が、アジア諸国をしっかり護《まも》る」という方針を打ち出したらよろしいわけです。中国に占領《せんりょう》されて、「隷従《れいじゅう》への道」を歩まないように、「日本が、アジアの自由と繁栄《はんえい》を護ります」ということを錦《にしき》の御旗《みはた》に立てることでしょうね。

確かに、米軍のほうは、軍事予算の削減《さくげん》等もあり、先行きを考えると、やはり、プレゼンス（存在感）は弱っていくと思われますのでね。

ただ、「中国が空母をつくっている」ということで、おびえているけれども、日本は、今から七十年も前に空母部隊をつくっていた先進国なんです。つくろうと思えば、簡単につくれるんですから、アメリカに代わって、アジアの海を護るために、きちんと空母部隊をつくったらいいんですよ。
アメリカとの信頼《しんらい》関係を守りつつ、「アジアの海はお任せください。アメリカの軍事予算の削減に協力します」というようにすればいいと思うし、お金も持っているからね。持っているお金を使わないで、いったい何をしてるのか。アメリカは、財政赤字で、国家としても債務国《さいむこく》なんですからね。だから、法律を改正し、貯《た》めたお金で、空母部隊をつくるべきですね。

里村　本当に、今、目からウロコが落ちる思いがいたしました。

中国製品にもっと「関税」をかけよ

陸奥宗光　それと、中国製品にもっと関税をかけなさいよ。当然です。関税をかけなければ駄目ですよ、こんなの。

「〝中国固有の領土〟である尖閣《せんかく》諸島沖《おき》で、中国漁船の船長を逮捕《たいほ》したことに対し、損害賠償《ばいしょう》を請求《せいきゅう》する」などと言われて、日本は、どうしてカウンターを撃《う》たないんですか。

例えば、そもそも向こうの招聘《しょうへい》で行った、フジタの社員を捕《つか》まえたことにも、当然、損害賠償が必要だし、日本の漁民たちへの漁業補償問題もあるしね。でも、すべては、やはり、鳩山《はとやま》さんの、インド洋での給油打ち切りあたりから始まっていったようには見えますけれどもね。

とにかく、「関税をかける」という言葉の一つぐらいは言うべきですね。

里村　はい。

陸奥宗光　中国の安い製品が、もう、日本に入ってこられないように、いちおう考えるべきです。国内経済で十分、間に合うし、ほかのアジアの国から買ってあげれば、アジアの国々も喜びますのでね。別に、中国でなければできないことなんか、何もありませんので、アジアの国々から買ってあげればいいわけです。そうすれば、ほかの国も経済発展しますよ。中国から買っているものを、ほかのアジアの国から買えばいいだけの話でしょう?

里村　陸奥先生がおっしゃるような、「中国に関税をかける」、あるいは「アジアの国々を、中国の脅威《きょうい》から日本が護る」といった物言いを、今の日本の外交担当者ができないのは、結局、戦略がないからですし、まさに、陸奥先生のような胆力《たんりょく》もないからだと、私は思います。

陸奥宗光　そうだね。

「大義」を立てなければ強い交渉力《こうしょうりょく》は出ない

里村　私も、外交ではありませんが、広報をやっておりまして、外部との交渉《こうしょう》ごとも多々ございます。そこで、外交、あるいは、交渉をする人間として心掛《が》けるべき点などございましたら、お教えください。

陸奥宗光　まずはね、常に、「大義」を立てることですよ。大義です。つまり、「大きな目で見た正義は、自分たちの側にある」ということを打ち立てなければ、強い交渉力《こうしょうりょく》など出ないですよ。「自分たちの側が悪い」という建前の下《もと》に交渉しても、勝ち目なんか、ありえません。

例えば、ヒトラーと戦ったチャーチルにしても、「ヒトラーは悪魔《あくま》だ」と決めつけて、戦ったわけです。悪魔の支配を許さないということでしょう? ソ連と戦ったレーガン大統領も、そうだったよね。

やはり、「どっちもどっちで、同じようなものです」みたいな言い方をしていたのでは、駄目です。日本は、「悪魔の枢軸国《すうじくこく》を、今、つくられようとしている」ということを、はっきり、認識しなければいけない。中国、北朝鮮《きたちょうせん》、ロシアが結びつき、あるいは、パキスタンまでが結びついて、悪魔の枢軸国をつくられたら、大変なことになりますよ。

「そういうことは許さない。日本は、自由と繁栄、民主主義を護る」「偉《えら》そうに言うのなら、民主主義の国になってから言え。国民を抑圧《よくあつ》していて、そんなことを言うな」と言うことです。

実際、幸福の科学の伝道をしている人たちは、みな、弾圧《だんあつ》の危機を感じつつ、やっているんでしょう？　そんなのは、いい国家ではないですよ。

だから、マスコミが中国を持ち上げて、民主主義的な国家のように言うのは、罪です。

これは、戦前の日本の治安維持《いじ》法と一緒《いっしょ》ですよ。反政府運動をしたり、政府を批判したり、国是《こくぜ》に合わないことを言ったりしたら、いつでも、すぐ逮捕できる。中国は、まだ、この状態なんですよ。これで、「うまくいっている」と思わせているんですからね。

やはり、「そういう政治体制では、経済的にも発展しない」ということを、庶《しょ》民《みん》に教えてあげる必要があると思いますね。日本は、それだけの毅然《きぜん》としたものを持っていなければいけないと思いますよ。

要するに、「中国の経済的発展を、そう簡単には許さない」ということを考えると同時に、「国防の観点において、一歩も譲《ゆず》らない」ということを考えなければばいけないですね。やはり、両方が必要でしょう。

「日本は、『項羽《こうう》と劉邦《りゅうほう》』や『三国志』、『水滸伝《すいこでん》』など中国古典をたくさん学ばせていただいたので、その恩返しをしたい。日本にも、きちんと勉強した痕跡《こんせき》があるところをお見せしたい。中国の古典によれば、こういう場合は、こういうふうにしなければいけないのだ」と、はっきり、お教えしたほうがいいのではないですか。「おたくに学んだんですけれども」と言ってね。

「もちろん、あなたがた中国は文化的先進国で、偉大《いだい》な歴史がありますから、ご先祖がしっかり勉強させていただきました。それを実地に生かせば、こうなります」ということを、やはり、お教えしないといかんのではないでしょうかね。

7　日本の政治家に求めるもの

里村　陸奥先生の生前のご著書に、『蹇蹇録《けんけんろく》』というものがございまして……。

陸奥宗光　はい。

里村　そのなかで、陸奥先生は、「政治は、サイエンスではなく、アートである」と述べておられたと思います。

陸奥宗光　うん、そうだよ、アートだよ。

里村　はい。最近、日本の政権においては、鳩山《はとやま》さん、菅《かん》さんと二人続けて工学系の方が首相を務めております。

そこで、「政治はアートである」とおっしゃった先生の真意を含《ふく》めて、今の日本の政治家へのご意見、あるいは、「求めるもの」をお教えいただきたいと思います。

陸奥宗光　うーん、だから、映画とテレビ番組だけで、「お侍《さむらい》」をするのは、もう、やめてもらえんかなあ。ちゃんと男らしく振舞《ふるま》えよ。男だろう？　まあ、女もいるかもしらんが、いちおう、侍なんだから、もう一回、刀を流行《はや》らせたらどうだ？　二本差しを。

アメリカは拳銃《けんじゅう》を持ってもいいいんだろう？　これは、国の伝統なんだよ。だから、日本も、日本刀ぐらい差して歩いていいようにしても、いいかもしれないな。ほんとにね。

いや、生っちょろいよ。こんな「核《かく》武装する」とかいう話をしたら、「いや、そんなことをすれば、余計、向こうに脅《おど》されて、核ミサイルを撃《う》ち込《こ》まれる」とかいう声が、絶対出てくるからさ。だから、「東郷平八郎《とうごうへいはちろう》精神」で行くべきだよ。「撃つなら、どうぞ。こちらも死に物狂《ぐる》いで、全部撃ち込みますので、ともに滅《ほろ》びましょう。滅びるまで、撃って撃って、撃ちまくります。性能のいいほうが勝つでしょう。たとえ、日本が滅びたとしても、おたくも滅ぼします」というぐらいの肚《はら》を決めたら、もう、できなくなるからね。そのぐらい、「悪には屈《くっ》しない」という強い意志を出さないといけない。正義ならいいけれども、「いつまでも、南京《ナンキン》事件のような作り話で脅すのは、いい加減にせんか」ということだ。

靖国《やすくに》神社のほうも、日本の首相が参拝するのを、中国から禁じられている。もう、国内みたいな気持ちでいるわけですよ。属国、あるいは属州のつもりでいるわけです。

しかし、そんなことのできる国があるわけないでしょう？　他国の首相や大統領等が、自分のところの墓地だの礼拝所《れいはい》だのに参拝することを禁じる力が、今、地球上のどこにありますか。そんなものあるわけがないでしょう。

だから、向こうが誤解したって、しかたがないですよ。「中国の武力を恐《おそ》れて、ただただ臣従している。臣下の礼をとっている」と思っているんですからね。「それなりのきちんとした備えをすると、逆に、向こうが攻《せ》めて来るかもしれない」というのであれば、「いや、いいですよ。わが国は、『東郷平八郎精神』で行きます。もう、こちらは全滅しても構わないので、全発撃ち込みます。おたくにも、そうとう行きますからね。少なくとも、中国共産党の指導部は、もう、この世には存在しないと思ってください」というぐらいは、やはり、言わないといかんでしょうな。

竹島あたりも、韓国《かんこく》に支配されて何十年たってるんだ。まあ、情けない自衛隊だ。ああいうものは、すぐ奪回《だっかい》しなければいけないんですよ。何十年も放置していたら、向こうのものになるに決まっているじゃないですか。権利を主張しないものは駄目《だめ》ですよ。

日米同盟を組んでいても、アメリカが竹島を取り返してくれるわけではないでしょう。日本が権利を主張しないのですから、何もできないではないですか。

中国がいちばん恐れているのは何か。それは、日本が「普通《ふつう》の国家」になることです。本当に、当たり前の国家になることですよ。世界ナンバーツー、ナンバースリーと言われるぐらいの地位にあるのなら、それだけのことをする国家になることです。中国にとっては、それがいちばん怖《こわ》いことですよ。だから、いちばん怖いことを、嫌《いや》がることを、やってあげればよいと思います。

南京事件のことをあまり言うのでしたら、「ややこしいから、南京を廃墟《はいきょ》にしましょう」と申し上げたらいいんですよ。

里村　分かりました。

8 「坂本龍馬《さかもとりょうま》の印象」と「陸奥宗光の過去世《かこぜ》」

里村　先ほど、陸奥先生がおっしゃったように、現代の日本では、「侍《さむらい》」というのは、映画やテレビドラマのなかにしか存在しておりません。

そうしたなかで、今、NHKの大河ドラマでは、「龍馬伝《りょうまでん》」をやっておりまして、若かりしころの陸奥先生を、俳優が演じております。

陸奥先生は、坂本龍馬先生と、ずっと一緒《いっしょ》に活動されていて、たいへんご縁《えん》が深いと思うのですが、ぜひ、最後に、「坂本龍馬先生がどういう人だったのか」「なぜ、あんなに人を惹《ひ》きつけるのか」ということについて、陸奥先生の印象をお伺《うかが》いできればと思います。

それから、もう一点、陸奥先生は、ご生前に、中国の歴史上の弁舌家・才弁家、いわゆる外交家と、ご自分とを比較《ひかく》しておられましたけれども、もし、過去世《かこぜ》のなかで、そうした名前の遺《のこ》っている方がおられましたら、最後に、教えていただければ幸いでございます。

坂本龍馬《さかもとりょうま》は「異次元発想」を持ったアイデアマン

陸奥宗光　うーん、まあ、そうだね。龍馬《りょうま》のほうから訊《き》いたので、そちらを先に答えると、まあ、才覚のある方ではあったね。今で言えば、新しい大企業《だいきぎょう》をつくり上げていけるようなタイプの、才覚のある方であって、異次元発想を持っているアイデアマンだったな。物事にとらわれない自由奔放《ほんぽう》な方であったし、そのとらわれない考え方で、時代を抜きん出たところがあったわな。

今から見れば、藩《はん》の法律、藩法《はんぽう》にとらわれるなんてことは、どう考えてもばかげてるでしょう？　居住移転の自由、職業の自由、海外渡航《とこう》の自由などを制限した時代に、こんなものを全部破っていこうとした人でしょう？　だから、時代を先んじているよね。

そういう意味で、今、言っていることも同じなんだよ。あなたがたも、戦後教育でいっぱい縛《しば》られている。戦後の平和主義、憲法主義、憲法九条など、いろいろなものでがんじがらめにされ、「日本の国の柱はこうだ」ということで、縛られているんだよ。しかし、龍馬さん的には、こんなものに縛られずに発想するわけだよね。まあ、彼は、そういうところが優《すぐ》れているわな。

あとは、私よりも女性にもてたというところが、やっぱり敵《かな》わなかったかな。あちらのほうが人気があった。どうして、あんなに人気があったかというと、優しいからね。強いけど、優しいところがあったからね。やはり、本当に強くなければ、優しくはなれないと思うな。まあ、そういうところがよかったわな。

陸奥宗光に匹敵《ひってき》する中国の偉人《いじん》とは？

それから、私を中国の人物になぞらえると、どうだろうねえ……。

いや、歴史上、中国に私より偉い人などいないんじゃないか？　私レベルの人は、合従連衡《がっしょうれんこう》の蘇秦《そしん》、張儀《ちょうぎ》あたりが、比較されるかどうかというところだが、あのレベルよりは、私のほうが上だな。アハッ。あんなレベルではないと思うよ。

もうちょっと、私のほうが上だと思うので、あのレベルはまだ低いよ。

諸葛孔明《しょかつこうめい》は、管仲《かんちゅう》、楽毅《がっき》等の宰相《さいしょう》に自分をなぞらえていたようだけれども、そのあたりよりは、私のほうが、まだ上だな。もうちょっと上のような気がするなあ。そんなレベルではないような感じがするね。もうちょっと、私が上だな。

里村　漢の高祖・劉邦を支えた、張良《ちょうりょう》、陳平《ちんぺい》という方はどうでしょうか。

陸奥宗光　うーん……。もうちょっと偉いかなあ。

中国で、私に匹敵《ひってき》する人がいるとしたら、せいぜい、孔子一人ぐらいじゃないか?（会場笑）　まあ、あとは大した人物などいないね。

でも、孔子は、現実世界においては、大したことがなかったからな。交渉力《こうしょうりょく》としては、私のほうが上だからさ。だから、私と同じような評価を受けていいのは、孔子ぐらいだな。あとは、みんな、私より下だ。中国の人物には、ろくなのがいねえよ。くずばっかりだ。

里村　分かりました。

陸奥宗光　過去世で、そんなところに出てたまるか！

里村　はい（笑）、分かりました。本日は、陸奥先生から、直接、お教えをいただきまして、もう、勇気百倍でございます。

「肝《きも》の塊《かたまり》」のような人間になれ

陸奥宗光　だからな、肝《きも》の塊《かたまり》みたいな人間にならなきゃ駄目《だめ》だよ。こんな弱腰《よわごし》で、外交などできるもんか。

例えば、朝日新聞に悪く書かれたら、朝日新聞を持っていって、外務省の前で、バーッと、燃やすんだよ。テレビ局がいっぱい来てるなかで、そのぐらいのパフォーマンスをやらないでどうするんだ。「あのなあ、外交官というのは、このぐらいの肝の塊なんだ。お前たちの言うことなど聞いておれるか。国民を護《まも》るのが仕事なんだ。新聞社がどうなろうと、そんなことは知らん！」というような感じで、信念を持ってやらないと駄目だよ。

だって、このままでは、明らかに侵略《しんりゃく》されますよ。今、準備しないばかがいますか！「平和的に話し合うことに決まった」なんて、こんなことで引っ込《こ》んでは駄目ですよ。向こうの本性《ほんしょう》が、もう見えたんだからね。本性見えましたよ。鳩山《はとやま》さんが辞《や》める前に、中国の温家宝《おんかほう》首相が来たけれども、「せっかく日本まで応援に来てやったのに、辞めおった」みたいな感じで、腹を立てていたぐらいだから、日本の首相なんて、完全に自分たちの持ち駒《ごま》のつもりでおるんだろう。これは、もう、本性が見えてるよ。なあ？　駄目だね。

里村　分かりました。信念の塊となり、そして、肝っ玉の塊となって、これから、戦ってまいります。本日は、まことにありがとうございました。

陸奥宗光　だからね、龍馬のときの、幕府の法律や、藩の法律みたいなものが、いかにくだらなかったか、今から見れば分かるだろう？　吉田松陰《よしだしょういん》を死刑《しけい》にしたことだって、ばかばかしいにもほどがある。今だったら、あれで死刑になりますか？「ペリーの船に乗って留学したい」ということの、どこが悪いんですか。何か悪いことがありますか？　何にも悪くないですよ。それが死刑になった。だから、レベル的に見れば、ソクラテスの毒杯《どくはい》と一緒だよね。

現代にも、こんな悪い法律や慣習がいっぱいあるわけですよ。それが、悪しき法律や慣習だと分からないのは、やはり、知恵《ちえ》が足りないということだ。それを破ってやることが、知恵ある人間のやるべきことなんだよ。

里村　はい。

陸奥宗光　だから、「日本国民を滅《ほろ》ぼすための悪法を守る」というようなことが、正しいわけではないということを、知らなければいけない。

現在においては、悪人でも構わないから、未来において善人になる方法を、断じて、取りなさい。

里村　はい。間違《まちが》った常識や法律といったものを打ち破って、日本を素晴《すば》らしい国にしてまいります。

陸奥宗光　だから、もう、東郷平八郎《とうごうへいはちろう》の爪《つめ》の垢《あか》でも煎《せん》じて飲みなさい。

中国には私より偉い人間なんか、いやしないんだからさ。日本には、陸奥宗光より偉い人間なんか、いくらでもいるだろう？　そういう大国なんだよ、君。

里村　自信を持って頑張《がんば》ってまいります。

陸奥宗光　うん、うん。

里村　本日は、まことにありがとうございました。

大川隆法　はい。

第2章

日本は「侍国家《さむらいこっか》」に戻《もど》れ

――小村寿太郎《こむらじゅたろう》の霊言《れいげん》――

二〇一〇年十月六日　霊示

小村寿太郎《こむらじゅたろう》（一八五五〜一九一一）

明治期の外交官、外務大臣。第一回文部省海外留学生に選ばれ、ハーバード大学に留学、帰国後は司法省に入省したが、やがて外務省へ転任した。陸奥宗光《むつむねみつ》に認められ清国《しんこく》代理公使に就任、以後、駐米公使《ちゅうべいこうし》等の要職を歴任する。第一次桂《かつら》内閣で外務大臣となり、日英同盟を締結《ていけつ》。日露《にちろ》戦争の終結に際しては、日本全権としてポーツマス条約に調印する。第二次桂内閣で再び外相に就任、韓国併合《かんこくへいごう》に当たる。また、関税自主権の回復にも貢献《こうけん》した。

質問者
黒川白雲《くろかわはくうん》（幸福実現党政調会長）
綾織次郎《あやおりじろう》（「ザ・リバティ」編集長）
［役職は収録時点のもの］

1　日本外交のあるべき姿とは

大川隆法　では、陸奥宗光《むつむねみつ》のあとを継《つ》ぎ、日露《にちろ》戦争のときの外交担当者になりました小村寿太郎《こむらじゅたろう》さんの霊《れい》を、お呼びしようと思います。

性格的には、陸奥さんとは、かなり違《ちが》ったタイプだったようです。ただ、陸奥さんの今の霊言を聴《き》くと、陸奥さんも十分に国粋《こくすい》主義的に見えたので（会場笑）、それほど変わらないかもしれませんが、小村さんがどんなふうに言うか、聴いてみたいと思います。

陸奥さんは、明治維新《いしん》以前から戦いを経験してきて、叩《たた》き上げ的な面をそうとう持っている人だと思いますが、小村さんは、陸奥さんとは十年ぐらいずれているでしょうから、おそらく、もう少し知識ベースのものの考え方をするかもしれないという気がします。

では、お呼びしてみます。


（瞑目《めいもく》し、合掌《がっしょう》する）


日本の外交官の尊敬の的《まと》である小村寿太郎先生。

日本の外交官の尊敬の的である小村寿太郎先生。

どうぞ、幸福の科学総合本部にご降臨たまいて、われらに、この国のあるべき姿、未来の道筋を、お示しください。日本の外交の原理・原則を、お教えください。外交の鉄則を、お教えください。われらを、正しくお導きください。

ありがとうございます。

（約十秒間の沈黙《ちんもく》）

小村寿太郎　小村です。

黒川　幸福実現党政調会長、黒川白雲《くろかわはくうん》と申します。

小村寿太郎　うん。

黒川　このたびは、ご指導を賜《たまわ》れますことに対し、心より感謝申し上げます。

小村寿太郎　うん。

黒川　小村寿太郎先生におかれましては、外相時代に、西洋の列強の圧力、ロシアの南下政策などによる、非常に大きな国難のなかにあって、日英同盟の締結《ていけつ》、ポーツマス条約の調印、韓国併合《かんこくへいごう》、関税自主権の回復等、大きな外交的偉業《いぎょう》を成し遂《と》げられ、明治期の日本の台頭を導かれました。

われわれは、日本を世界のリーダー国家へと成長させるに当たり、本日、小村先生より、外交戦略など国家の戦略について、ご指導を賜りたく存じます。

先ほどから話が出ていますように、今、日本は非常に大きな国難のなかにございます。尖閣諸島《せんかくしょとう》での領海侵犯《しんぱん》に対する処理をめぐって、日本政府の「弱腰《よわごし》外交」「土下座外交」が非常に大きな問題になっております。

毅然《きぜん》たる精神の塊《かたまり》であり、外交において、困難な道を切り拓《ひら》かれた小村寿太郎先生より、日本外交のあるべき姿、また、外交に携《たずさ》わる者が持つべき志、心構えに関して、ご指導を賜れればと存じます。よろしくお願い申し上げます。

戦後の〝吉田《よしだ》ドクトリン〟は間違《まちが》っていた

小村寿太郎　まあ、考え方を変えたほうがいいんじゃないか。受け身すぎるよな。「相手に何かをされたら、どうするかを考える」という発想で、全部が後手後手《ごてごて》で来ているよね。やはり、もう少し、イニシアチブを取って、「うちは、こうしたい」という考えを、もっと出さないといけないんじゃないかな。

それと、今の行き詰《づ》まりは、結局、戦後の吉田茂《よしだしげる》がいちばん悪いんだと、わしは思うけどね。

吉田さんは、「軍事費を削減《さくげん》して経済一本にしたら、日本は儲《もう》かって繁栄《はんえい》する」という考えで政治を行い、「それで、うまくいった」ということで、ほめ称《たた》えられているんだろうけど、吉田さんが天国に還《かえ》っていないのを見れば、これには何か間違《まちが》いがあったんだと私は思うよ（『マッカーサー 戦後65年目の証言』〔幸福の科学出版刊〕第2章「吉田茂の霊言」参照）。

国家主権を捨てるような行為《こうい》は、やはり、政治家としては許されない行為なんだ。思想家は、その思想が間違っていたら地獄《じごく》に堕《お》ちるように、政治家も、政治家としての信条や考え方のなかに間違いがあったら、やはり、その責任を問われるんだと思う。

敗戦のときに日本が多少弱かったのは分かるけれども、アメリカが「再軍備せよ」と言ってきた段階で、それをはねつけ、金儲けだけに走った。これが根本的に間違っているんだよ。

アメリカは日本を丸腰にするつもりでいたけれども、朝鮮《ちょうせん》戦争が始まったあと、「これはいけない」ということで、日本に「再軍備をしなさい」と言ってきた。その段階で、これを奇貨《きか》として、やはり、きちんと憲法改正をし、当たり前の国家にするべきだったね。政治家は、少なくとも敗戦後十年以内に、もとの国に戻《もど》す努力をしなくてはいけないんだよ。

それをしなかった罪は、けっこう大きいと私は思う。

そのあと、日本は、国民が単なる商人階級に落ち、国家が本当にカルタゴのような通商国家と化して、金儲けに邁進《まいしん》し、世界から軽蔑《けいべつ》されながら大きくなってきたわけでしょう？　やはり、どこかで、「舵《かじ》を切る人」が必要だったと思うな。

そして、日本は国家としての尊厳を失ったな。国家としての尊厳を売り渡《わた》し、前垂れを着け、「金さえ儲かればよろしいです」という感じで、へいこら、へいこら、ぺこぺこしている状態だね。侍《さむらい》ではなくて、〝越後屋《えちごや》〟になったのかな。そんな国家になったわけだ。

すでにヨーロッパには日本より経済的規模の大きい国がないにもかかわらず、

いまだに、そんな状態なのだから、「日本が、まだ国家として存立している」ということ自体が奇跡《きせき》に近いな。それは、「われらが日本を庇護《ひご》している」という、アメリカのプライドのおかげでもあったんだろうとは思うけどね。

でも、日本のネックの一つは〝吉田ドクトリン〟であろう。

原爆《げんばく》を落とされた日本には「核《かく》武装をする権利」がある

もう一つのネックは、先ほども話が出ていたように、「広島・長崎宣言」的なものかな。

日本は、「原爆《げんばく》を落とされたことで、平和運動の面では世界のリーダーになれる」というような言い方をしているが、こういう考え方は、はっきり言って、倒錯《とうさく》しているよ。被害者《ひがいしゃ》なら被害者として、きちんと意見を言ったほうがいい。

「人類に対して原爆を落とすのは罪だ。原爆を落とされた広島や長崎であるからこそ、核武装《かくぶそう》をする権利があるのだ。こんなことを二度とされないために、われわれには核武装をする権利がある」と考えるのがノーマルな論理なんですよ。

ところが、「広島や長崎は、原爆を落とされたから、聖なる土地と化して、世界に平和を発信できる」というような教育が、ずっとなされてきた。今、日本に、「侵略されるかもしれない」という危機を呼び込《こ》んでいるのは、まさしく、ここのところですよ。

「ノーモア広島」「ノーモア長崎」は、そのとおりですが、そういうことを二度とされないようにしなくてはいけないのです。

第二次大戦では日本も核兵器を開発していました。アメリカのほうが一歩先んじただけなのです。日本も開発していたけれど、向こうが早く完成させた。そして、先に落とされてしまった。それだけのことです。日本も現実に研究していたんですけど、あちらのほうが早く完成させたために、やられました。ほんの少しの差です。日本も、つくろうとしていたのですが、完成前に、あちらから先にやられた。それだけのことです。

これは国家間の競争なのです。アメリカは、宇宙開発でソ連に先を越《こ》されたときに、頑張《がんば》って巻き返しましたが、そのように頑張らなくてはいけないんですよ。もう中国は核大国だろうし、北朝鮮も核武装をしている。パキスタンもインドも核武装をしており、イランもそうすると言われている。ロシアも、捨てるほど核兵器を持っている。この状況《じょうきょう》のなかでは、「日本は、いったい何を言っているのか。〝寝言《ねごと》〟ではないのか」という感じがするね。

核兵器を持っていても、簡単に使えるわけではないので、「核兵器がある」ということだけで、即《そく》、核戦争と結びつくものではありません。「核兵器を使用するかどうか」ということは政治的な問題ですからね。ただ、核兵器を持っておらず、もともと使用できない状況では、何も言えないんですよ。

だから、今の日本は、手錠《てじょう》をかけられ、自由を奪《うば》われて、「これで、悪いことができなくなった。よかった、よかった」と考えているような状況なのです。後ろ手に手錠をかけられて、「私は、二度と、悪いことができません。ありがとうございました」と言っているようなものです。こんな国ですよ。分かりますか?

「これで、私は自由に手を使うことはできなくなりました。もう何一つ悪いことはできません。おかげさまで、ものを盗《ぬす》むことはできず、スリもできません。また、ご飯も直接口で食べるしかありません。手錠をかけていただき、本当にありがとうございました」と言って感謝しているような状態が、この国の今の姿ですよ。

やはり、「きちんと国を護《まも》れる、まともな体制をつくって、初めて、対等の外交がありうる」と私は思います。

日本との経済交流のおかげで中国は発展した

先日、日本が、領海侵犯をした中国漁船の船長を逮捕《たいほ》し、「裁判にかける」と言っただけで、中国では、その情報を聞いた人たちの一部が、「日本に原爆を落とせ！」という意見をネットで流しました。それが扇動《せんどう》されているかどうかは知りませんけどね。

ところが、日本では、「そのような、中国の傲慢《ごうまん》な態度を許さない」と、あなたがた幸福実現党が、数千人規模のデモをしても、テレビも新聞も、全然、何も報道しなかったのでしょう？　この国は狂《くる》っているよ。国益に資することは報道しないで、国益に反することは報道する。やはり、「狂っている」と思われる。

中国で、そんな意見が流れるぐらいなら、日本で、そういうデモが行われたことを、中国にバンッと伝えるべきです。それを発信するだけで、十分な防衛力になるんですよ。それをやらなくてはいけないのに、やらないでしょう？　これでは駄目《だめ》です。根本的に間違っている。

日本は、手錠をかけられて喜んでいるマゾです。マゾ国家なんですよ。これは直すべきだね。

「日本をどう料理するかは、わが国が主体的に決められることであり、日本は〝まな板の上の鯉《こい》〟だ」と中国は思っているよ。日本を完全にまな板の上に置き、「どうやって、これを料理しようか。味噌汁《みそしる》にしようか。刺身《さしみ》にしてやろうか。焼き魚にしようか」と、あちらは考えているんだ。

だから、日本も、「中国をどう料理するかは、日本の主体的判断による」というぐらいの考えを持ち、対等にいかないと、外交にならないんですよ。

「あなたがたが先進国の仲間入りができるかどうかは、日本にかかっているんだ」と言うぐらいの気概《きがい》を持たないといけない。

中国には、日本のおかげで、あれだけ発展したところがあるでしょう？　実際に、そうでしょうが。

あの貧しかった国が、ここまで発展したのは、日本が、かなり中国との外交や経済交流を進め、ＯＤＡ（政府開発援助《えんじょ》）をしてやり、物をたくさん買ってやり、工場をつくってやり、向こうの人々の年収を上げさせてやり、ＧＤＰ（国内総生産）を上げてやったからでしょう？　日本が育てた国ではないですか、あの国は。

ところが、大きくなったら、今度は、一生懸命《いっしょうけんめい》、〝親不孝〟をしようとしているんでしょう？

こんなことになるんだったら、アメリカが中国を助けたのが、そもそもの間違いですよ。あんな共産主義革命を起こされるぐらいでしたら、日本の統治下に置いておくべきだったんですよ。ねえ？

ばかなアメリカが、第二次大戦後、中国やソ連を共産主義大国にしてしまい、「冷戦」という長い国際紛争《ふんそう》の種をつくった。

だから、アメリカは、ちょっと頭が悪かったといえば悪かったかもしれない。

アメリカには、「日本がやろうとしていたことを、本当は分かっていなかった」というところがあるね。

アジアを解放し、聖なる使命を果たした日本

日本は少なくとも、アジアを植民地支配から解放した。

日本が戦わなかったら、たぶん、ビルマ（現ミャンマー）は依然《いぜん》としてイギリスの支配下にあっただろうし、オランダは、なぜかインドネシアをまだ支配していただろうし、今のベトナム辺りは、まだフランス領であっただろうね。そうい

う状態が続いていたと思う。

勝てるわけがないもの、今のアジアの国の力で。依然としてヨーロッパの支配下にあったはずですよ。それを、全部、日本が追い払《はら》った。

ここのところでは歴史の検証において倒錯があると思う。きちんと正当に評価すべきです。それについては日本の右翼《うよく》系言論人の一部が言っているだけなのでしょうが、世界史的に見て、やはり、正当な評価がなされるべきだと思います。

アメリカも含《ふく》めて、ヨーロッパの国は、他の国を植民地化したことについて、一切《いっさい》、謝罪をしていないんですよ。

アフリカを植民地にしたことについて、謝罪していますか。黒人奴隷《どれい》をアメリカに連れてきたことについて、公式に謝罪していますか。オバマさんが大統領になっても、まだケニアに対して謝罪していないでしょうが。ねえ?

そういうことについて、彼らは、一切、謝罪をしない。

　また、アメリカの「ハワイ併合」は一八九八年ぐらいだったかな。アメリカは、「併合する」と一方的に宣言し、ハワイを取ってしまいましたからね。あっという間です。武力に差があったら、そんなもんですよ。

　何の権利があって、アメリカがハワイを併合できるのか分からないけれども、ハワイが併合されたことで、日米の開戦が決定づけられたのは間違いないね。

　太平洋の中心地を取ったアメリカが西に向かってくるのは明らかです。次は、日本のほうに向かってくるわけです。だから、アメリカがハワイを取った段階で、おそらく日米戦争は決定づけられたと思います。

　その前に、日本には対ロシア戦が来ました。

　ロシアは、「三国干渉《さんごくかんしょう》」によって、日本から権益を巻き上げたけれども、これは大国の横暴だし、ただの嫉妬心《しっとしん》だと思います。「日本のごとき小国が、まぐれで中国に勝った」と思い、列強の強さを見せるために脅《おど》しをかけて、「どうだ、勝てないだろう」という感じで権益を巻き上げ、満足したんでしょう?

そこで、日本は、「臥薪嘗胆《がしんしょうたん》」を標語にして頑張り、十年後にロシアを打ち破ったわけですね。

こういうことを見たら、「白色人種の傲慢を打ち破る」という意味で、日本は聖なる使命をそうとう果たしたと思います。

日本がアメリカに負けた原因を、きちんと追究せよ

だから、日本がアメリカに負けたのは残念です。

あれは、やはり、将《しょう》が悪かったと思いますね。将に優秀《ゆうしゅう》な方がいたら、あんな惨《みじ》めな結果にはなっていないんですよ。

少なくとも、開戦時には、海軍は日本のほうが優位だったし、戦争の経験にお

いても日本が上だったのです。

しかし、日本は、南方に戦線を展開するだけではなく、中国の内陸部にも百万から二百万の大軍を送り込んでいました。この二面作戦が功を奏さなかったし、ロシアとの関係にも問題はあったと思います。

戦争に負けることはあるかもしれない。しかし、負けたら、「悔《くや》しい」と思いなさいよ。そして、負けた原因を、きちんと追究しなさい。

「軍部の独走によって負けた。政治には何の責任もない」と言われたりするけど、こんなのは、今の菅《かん》政権の言い方と、よく似た言い方ではないですか。

「先の戦争は軍部の独走によって起きたことであり、国民は正しく、政治も正しかった。軍部だけが独走した。その結果、日本人は不幸になった」

この言い方は、菅政権の言い方に、非常によく似ていませんか。そっくりではないですか。こういう卑《ひ》怯《きょう》な責任転嫁《せきにんてんか》の仕方はよくないですよ。

国家として敗れたら、やはり、「恥《は》ずかしい」と思って反省すべきです。「なぜ敗れたのか。どこが悪かったのか」ということを考えなくてはなりません。「正しいことをしたものが敗れた」ということについては、やはり、「悔しい」という思いを持たなくてはいけないんですよ。

インドだって、日本のおかげで独立できたのです。アジア諸国がみな独立できたんですよ。日本が欧米《おうべい》諸国を追い払ったんですからね。

やがて中国の「沖縄《おきなわ》領有宣言」が待っている

アメリカが、いきなりハワイを併合したので、中国は、それと同じ手を使う気でいるんです。一方的に宣言しますよ。軍事力が強ければ、「これを中国の領土とする」と宣言した段階で、中国の領土になるんですね。

尖閣諸島で、それが始まろうとしている。

台湾《たいわん》についても、中国が「台湾は中国領土だ」という宣言をして、台湾が勝てなければ、要するに、「アメリカと日本から応援が来ない」ということが確定した段階で、台湾は中国に組み入れられます。

中国は、日本に関して、小さな島から始めて、幾《いく》つかの島を順番に取るでしょうが、その次に「沖縄《おきなわ》の領有宣言」が待っていると思います。

これでも、まだ沖縄の知事選や市長選で民意を問うんですか。この政治学は何か間違っているのではないでしょうか。「政府は国のリーダーとしての責任を放《ほう》棄《き》している」と言わざるをえません。

また、マスコミは、なぜ、それを正当に批判できないのか。それができないなら、もう、「マスコミは、マスコミとしての使命を放棄している」と言わざるをえないと思います。

そんな御用《ごよう》マスコミは、もう要《い》らないね。「もう、とっくに御用マスコミになってしまっていることが分からないのか」ということです。

まあ、中国の〝あれ〟を見て、少しは衝撃《しょうげき》を受けたようではあるけれども、まだ「井《い》の中の蛙《かわず》」にしかすぎないね。

だから、アメリカが日本から退《ひ》いたあとのこと、アメリカなきあとの日本の立場まで、まだ想像がいっていないと思います。アメリカは、本当に退く場合があります。そのあと、どうなるのか。それによって、最後、どういう結果が来るのか。これを考えなくてはいけません。

日本が中国の脅しに屈《くっ》するようになれば、治外法権もいいところで、中国人が日本で罪を犯《おか》しても、一切、手が出せません。今、日本には中国人旅行者が数多く来ていますけど、中国人の犯罪者を日本の警察が逮捕しても、向こうが「原爆を落とす」と言えば、すぐ釈放《しゃくほう》になりますよ。

日本の銀座でバッグを盗んだ中国人を逮捕しても、中国が、一言《ひとこと》、「それは日本の警察が不当に逮捕したものであって、許せない」と言えば、その人は釈放されます。これでは、中国人は日本で犯罪をし放題になります。

やがて、日本は、そういう国になりますよ。本当に、それでいいんですか。それで、どこに正義があるんですか。

国の法律を国内で適用できない国家にしたら、国民の信《しん》も失うけれども、それだけではありません。日本は、今、もう国家ではなくなろうとしているんですよ。〝メルトダウン〟をして、国家ではなくなろうとしているんです。

だから、悪役を買って出ても、やはり、言うべきことは言わなくてはいけません。

地方の選挙結果で国益が左右されてはならない

沖縄の市長選だとか知事選だとか、いろいろあるかもしれないけど、国の指導者なら、米軍基地に反対する候補者を、きちんと叱《しか》りなさいよ。「おまえたち、いい加減にしなさい。日本の国益を失い、国の存立を危《あや》うくしてまで、政治家になりたいのか」と、きちんと叱らなくては駄目です。

「おまえたちに政治家になる資格なんかない。沖縄の選挙結果で国益が左右されてたまるか」と言うぐらいの政治家がいなくては駄目ですよ。

知事選の結果で国の外交方針が変わるなんて、そんなばかなことを言う総理なんか、もう、〝桜田門外《さくらだもんがい》の変《へん》〟だよ。そういう映画にでも出演してもらえ。〝水戸《みと》浪士《ろうし》〟が十七人ぐらいいれば討《う》ち取れるね、こんなの。もう、やってもらえ、本当に。

駄目だよ、これ。やはり、もっと大所高所から判断できなくてはねえ。これ（菅氏）には一国の宰相《さいしょう》なんて務まらないよ。こんな下《した》っ端《ぱ》が上に上がってはいけない。地方の選挙の候補者を批判するだけの力もないんだからね。

この人は、とにかく人のせいにする。「地方分権」と言って、国政や外交の判断を地方のせいにしたりする。今、尖閣諸島の問題では、検察庁を悪者にして、一生懸命、逃《に》げている感じがするけど、やり方が汚《きたな》いよ。

政治主導？　何が！　政治主導が聞いてあきれるよ、本当に。これは、政治がなくてもいい状態に近いね。「政治がなければ、まともな判断ができるのに、政治があれば、逆回転をするので、まともではない」というような状態だ。

日本には「きちんと叱《しか》る人」がいなくてはならない

日本には、もっと「怖《こわ》い人」が必要だね。「きちんと叱《しか》る人」がいなくては駄目だ。「ガツンと叱る人」がいないと駄目だと思います。

あなたがた、少しは頑張れよ。もう、どうなっているんだよ、本当に。負け犬根性を持つんじゃないよ。「これに関しては、国民の判断のほうが間違っている」と、はっきり言うぐらいの自信を持っていなくては駄目だ。

マスコミに対しても、間違っているなら、きちんと批判しなさい。「何を威張《いば》っているのか。戦後、日本を悪くしたのは、おまえたちだろうが!」と、パシッと言わなくては駄目ですよ。

だから、今は、まず言論の力が必要です。言葉に力がなければ駄目です。あいまいなことは言わずに、バシッと批判を入れていくことが大事だと思います。

中国に対しても言論戦を挑《いど》まなくてはならないな。

中国では、一国の首相が、ああいう恥ずかしいことを平気で言うけど、あんなことを言うのは日本の首相には耐《た》えられないだろう。だけど、向こうは、そういう、野獣《やじゅう》に近い人間なのだから、こちらも、野獣に対しては、いちおう〝実弾《じつだん》〟を込めて撃《う》つぐらいのことをやらないと駄目ですよ。

向こうは、こちらを「素手《すで》だ」と思い、なめてかかってきているのだから、「そういうことを言うのでしたら、わが国は、国内法が厳粛《げんしゅく》に執行《しっこう》できる体制をつくります」と言って、脅さなくてはいけない。

「向こうが一喝《いっかつ》をしたら、すぐに震《ふる》え上がる」ということでは駄目だね。

特に、今の首相は、やはり卑怯だ。また、官房長官《かんぼうちょうかん》も卑怯だ。卑怯者《もん》の塊だ、これ。侍国家としては許せない。

国難は去年からすでに始まっているし、結局、あなたがたの言っていたとおりではないか。幸福実現党の立党のときに言ったとおりのことが、ずっと起きてきている。

それなのに、マスコミも卑怯で、それが正しかったことを公式に認めるのがつらいものだから、あなたがたの主張を、ちょこちょこと引用、援用して、記事を書き、その程度で、ごまかしているんだろう？「少しは認めたことを感じ取れ」というぐらいの記事を書き、恩義を施《ほどこ》しているつもりでいるんだろう？

だから、やはり、明治維新と同じで、既成《きせい》の価値観を引っ繰《く》り返すつもりでやらなくては駄目だね。今、威張っているマスコミも、もうすぐ、ほとんど潰《つぶ》れるから、そんなものを気にしていてはいけないよ。どんどんどんどん、自分たちの意見を発信していかなくてはならない。これは戦いだから。

結論において、あなたがたは、別に、殺人鬼《さつじんき》でもなければ、世界を占領《せんりょう》したくて活動しているわけでもないのだから、この地上から正義が失われないようにするために、やはり、言うべきことは言わなければならない。

今、中国の野心は、はっきりと露呈《ろてい》してきているし、中国と北朝鮮が完全に軍事同盟化していることも、はっきりしてきている。

だから、中国の覇権《はけん》主義の暴走を止めることは正義である。

また、アメリカに対しても、「逃げるな」と言わなくてはいけないと思う。「逃げるべからず」「使命を果たせ」ということを、きちんと言わなくてはいけない。オバマに、「社会保障の一部を打ち切ってもいいから、しっかりと使命を果たせ。バラマキはしなくてよろしい。その意味での日本化は、しなくて構わない。きちんと世界の使命を果たすことがアメリカの仕事だ。アメリカは〝自由の総本山〟で構わないのだ」と言ったらいい。

アメリカに対しても叱らなくてはいけないよ。

既成《きせい》政党では日本を救えない

黒川　ご指導ありがとうございました。「正論を言えない政治家やマスコミが、この国の崩壊《ほうかい》をもたらしている」ということを、本当に学ばせていただきました。私たちは、何ものをも恐《おそ》れず、政治に取り組んでまいりたいと思っております。

小村寿太郎　自民党政権の時代にも、中国の逆鱗《げきりん》に触《ふ》れるようなことを少しでも発言したら、すぐに閣僚《かくりょう》を罷免《ひめん》したりしていたから、これは民主党だけの問題ではないでしょう。自民党も同じでしょう。

だから、二大政党による政権交代選挙はナンセンスです。こんなものは要らないんですよ。自民党政権のときも、中国が怒《おこ》るようなことを何か言ったら、その人のクビを取っていたでしょう？　こんなことの連続ではないですか。これでは政権交代の意味がないよ。

自民党も民主党も、両方とも要らないわ。はっきり言って、両方とも要らない。

黒川　「既成《きせい》政党では、もう日本を救えず、植民地化は避《さ》けられない」ということを確信いたしました。

小村寿太郎　救えない。

黒川　われわれは正論を訴《うった》えてまいります。

小村寿太郎　うん。頑張りなさい。頑張りなさい。

黒川　はい。頑張ります。

小村寿太郎　あなたがたが、自分たちを自己規定して、零《れい》コンマ何パーセントだの、一パーセントだの、二パーセントだのといった支持率で満足していたら、この国は、潰れて、なくなります。本当になくなるよ。「それでいいのか」ということですね。

だから、頑張らなくてはいけないよ。沖縄の知事選において、幸福実現党の候補者以外の誰《だれ》が勝っても、いずれ沖縄は中国に取られるんでしょうから、それを許すわけにはいかないんですよ。やはり、論陣《ろんじん》を張らなくてはいけないし、もっと頑張らなければいけない。

あなたがたには、人々を目覚めさせる義務があるよ。〝目の見える者〟には、

〝目の見えない者〟に世界を説明する義務がある。

黒川　はい。沖縄を含め、必ずや勝利を実現してまいります。ご指導ありがとうございました。

小村寿太郎　はい。

黒川　それでは、質問者を替《か》わらせていただきます。

小村寿太郎　はい。

2 日米関係を、どう捉《とら》えるか

満州《まんしゅう》鉄道の共同経営をしていたら、日本はアメリカに侵略《しんりゃく》された

綾織　本日は、「日本外交の指針」を賜《たまわ》る機会をいただきまして、本当にありがとうございます。

私は、「ザ・リバティ」という雑誌の編集を担当している綾織と申します。

小村寿太郎　うん。

綾織　小村先生は、帝国《ていこく》主義全盛の二十世紀初頭にあって、「日本の国益を護《まも》り切り、国の命運を誤らせない」という役割を果たされたと思います。
ただ、お伺《うかが》いしにくいことではあるのですが、先生のなされたことのなかで、その後《ご》、歴史家や外交専門家の間で評価の分かれていることがございます。

小村寿太郎　うーん。

綾織　日露《にちろ》戦争後の講和条約締結《ていけつ》の際に、アメリカの鉄道王ハリマンから、「満《まん》州《しゅう》鉄道の共同経営」という提案がありました。

小村寿太郎　うん、うん。

綾織　「これを受け入れていたら、アメリカが満州にかかわることになり、日本とアメリカとの戦争は起きなかったのではないか」という見方が……。

小村寿太郎　それは間違《まちが》いだね。

綾織　はい。

小村寿太郎　あの時点で、アメリカに満州に入られていたら、アメリカは日本を取りに来ただろうね。挟《はさ》み撃《う》ちができるから。満州での権益まで与《あた》えてしまったら、途中《とちゅう》にある日本を占領《せんりょう》しに来ただろうと思う。

だから、それを譲《ゆず》らなかったのは正しいと思うよ。

日本が日米戦争で敗れたから、結果論的に、そう言われるけれども、日清《にっしん》・日露を戦ったのと同じぐらい力のあるメンバーが、日米戦争のときにもいたなら、あれほど無様《ぶざま》な負け方はしていない。山本五十六《やまもといそろく》が言ったとおり、二年以内で停戦を迎《むか》え、一定の判定で終わらせることは可能だったと思うね。

だから、軍事的に敗れた面が大きかった。海戦で敗れたな。あれが大きかった。「ハリマンの提案を容《い》れて満州を分割していれば、アメリカと仲良くできて、戦争にならなかった」という言い方もあろうけれども、満州まで進出したら、アメリカが日本を侵略するのは簡単だっただろうね。

綾織　日本が、ハワイのように、アメリカに取られるかたちに……。

小村寿太郎　そうそう。併合《へいごう》したくなってくるよね。弱い国ですから。結果論的に、「そういう案もあった」と言われるのは分かる。

ただ、当時の日本には、海軍力でアメリカを凌駕《りょうが》していた面がある。少なくとも太平洋では、アメリカの二倍以上の海軍力を持っていたと思うし、ゼロ戦も世界一の高性能を持っていた。

また、戦争が終わったとき、大陸には百万人単位の軍隊が残っていたんだよ。これは、海軍と陸軍の単なるセクショナリズムによって、軍の統一的な運用ができていなかった証拠《しょうこ》だね。こんなみっともないことはないと思う。

それと、航空母艦《ぼかん》決戦を最初のパールハーバー攻撃《こうげき》で始めながら、戦艦中心主義に戻《もど》し、時代に逆行してしまった。「プリンス・オブ・ウェールズ」という戦艦を、日本の小さな航空機が爆撃《ばくげき》で沈《しず》めたことが世界的ニュースになり、立ち上がれなくなったぐらいの衝撃《しょうげき》をチャーチルに与えたのに、その効果を測定できなかったというか、十分に理解できなかったのは悲しいことだね。

ゼロ戦も全部で一万機近く失ったのではないかと思う。「七面鳥撃ち」と言われるほど、大量に撃墜《げきつい》されたこともある。

このような戦力を、もう一段、集結させていれば、もっともっと大きな戦力として使えたのに、作戦が悪すぎたね。

沖縄《おきなわ》やサイパンなど、重要拠点《きょてん》に戦力を集結させておけば、本土が攻《せ》められることはなかったと思う。「B29」だって、研究すれば、撃墜する方法はあったはずだ。「ダラダラと負け戦を続けた」というのが大きいし、やはり、ミッドウェーでの敗戦が命取りだったでしょうけどね。

特に、陸軍士官学校もそうだし、海軍兵学校もそうだけど、軍事教本というか、教学のところが駄目《だめ》だったんですね。軍事演習において、戦いが長引いたときの戦い方を教えていなかったんですよ。

速戦・速攻で、勇ましく突《つ》っ込《こ》んで勝ったり、短期決戦で勝ったりするようなことばかりを教えていた。昔から日本の伝統的な戦い方は、みなそうで、兵站《へいたん》を無視していたため、継戦《けいせん》能力を高めていくやり方が弱かったんですね。「護り」というものに対する考え方が弱かったのも敗因の一つです。本土を襲撃してくるのは、だいたい予想できていたのに、「あんなヘボな将棋《しょうぎ》を指した」というのは、悔《くや》しい限りです。

日米同盟を手放せば、リスクは非常に大きい

綾織　そのような、軍事的な面での失敗とは別に、外交的には、「第一次大戦後、日英同盟が破棄《はき》された」ということが大きかったと思います。

小村寿太郎　そうだね。

綾織　その部分は、今で言うならば、「日米同盟が、どうなっていくか」ということと、非常に……。

小村寿太郎　うん。非常によく似ているね。よく似ていると思う。

綾織　その点について、今の状況《じょうきょう》を、どのようにご覧になっていますでしょうか。

小村寿太郎　やはり、日米同盟を手放したら、リスクはそうとう大きいね。

アメリカは、日本円にして五十兆円以上もの大きな軍事予算を持っている国であり、これは、日本の一般歳出《いっぱんさいしゅつ》に匹敵《ひってき》するぐらいの規模なので、ここと同盟を結んでいることは、軍事力の面で見ると、そうとうなものなのです。

ところが、この同盟を破棄しかねないような政治家が横行しているのは、極《きわ》めて危険な状況でしょうね。

アメリカとは、何としても、良好な関係を結ぶべく努力しなければいけません。また、経済界を叱《しか》らないといけないでしょう。政治に自信がないのは分かりますが、経済界の独走というか、彼らの利益追求優先の考え方に政治が翻弄《ほんろう》されている感じがしますね。まずは国益や国としての正論があり、国家戦略の下《もと》に経済原理を立てなければいけないと思います。

経団連も間違っていますね。尖閣諸島《せんかくしょとう》で、あれだけの事件が起きても、経団連の会長は、「中国とは、これまでと同じような関係を続ければよい」と言っているので、何も認識していないのだと思います。

商売の繁盛《はんじょう》や発展だけを考えていると思うけれども、それだけでいくと、必ず日米同盟破棄のほうに持っていかれるんですよ。

ところが、経済界のほうは、「日米同盟を破棄すれば、日本は中国との経済的取引の拡大が可能になる。そうでなければ、経済的には発展できない」という考え方をするわけですね。

しかし、中国が邦人《ほうじん》を何人か逮捕《たいほ》したぐらいで、あんなに大騒《おおさわ》ぎをしているんでしょう？　中国にある現地工場を、どんどん接収されて、「返さない」と言われたら、どうするんですか。

経団連は、ギャアギャアと大騒ぎをするでしょう。政府は、あっという間に及《およ》び腰《ごし》になるでしょうね。そして、ただただ、「謝罪外交」「返してくれ外交」になり、北朝鮮《きたちょうせん》の拉致《らち》問題とほとんど同じ状況が展開すると思われます。

やはり、外交の担保は軍事力です。

将来、中国に進出している日本企業《きぎょう》の従業員は、工場労働者や現場監督《かんとく》、現地の社長などを含《ふく》め、みな拘束《こうそく》されると思います。工場で働く日本人は拘束され、出してくれなくなるでしょう。外交の担保となる軍事力を持っていなければ、これらの人たちを解放する力はありません。

だから、きちんと軍事力を持つべきです。

「リーマン・ショック」以降、アメリカは弱っています。アメリカは、今、非常になめられてきつつあると思います。

ただ、「アメリカが、どうなるか」ということを、単に運命論的に見るのではなく、アメリカも日本と一緒《いっしょ》に復権し、日米が共に繁栄できるような策を立てるべきです。日米が緊密《きんみつ》な関係を維持《いじ》し、共同して発展できるような方向を目指すべきだと思います。

今の中国の経済は、ほとんどバブル経済なので、そんなに底堅《そこがた》いものではありません。オリンピックと万博《ばんぱく》があって、とても意気軒昂《いきけんこう》なんだろうけれども、このあとに不況が来るはずです。

「経済は必ずしも一本調子ではない」ということを知るのは、国際社会に仲間入りすることでもあります。先進国は、そのへんについて、よく知っていなくてはいけません。

だから、あまり経団連に振《ふ》り回されないようにしたほうがいいでしょう。一定の国家戦略があれば、それに基づいて経済界は行動できるんですが、国家戦略がないので、勝手にやっているだけですからね。

3　今の日本が持つべき国家戦略とは

日本は「侍《さむらい》国家に戻《もど》る」と宣言せよ

綾織　今回の「尖閣《せんかく》事件」では、中国側に、「レアアースの輸出を止《と》める」「観光客を日本に来させない」といった経済的手段を取られて、日本側が折れてしまいましたが、お金の問題が最優先になってしまっているように感じます。

優先順位を変えて国家戦略を立てていくことが必要だと思うのです。

小村寿太郎　まあ、一言《ひとこと》でいいんじゃない？「侍《さむらい》国家に戻《もど》る」と宣言すれば、それで終わりだよ。「日本は侍国家に戻ります。今後は、日本古来の伝統に則《のっと》って行動いたします」と言えばいいんだ。

侍なら、藩《はん》が潰《つぶ》れても、討ち入りをするときは討ち入りをするし、切腹するときは切腹するし、やはり正義は通しますから、「侍国家に戻します」と、一言、言えばいいわけです。

それは、「国際正義を発揚《はつよう》するために、日本は、今後、世界のリーダーの一角を担う覚悟《かくご》である」という意味でもある。

だから、国連があまり動かないようなら、例えば、「中国は国連の分担金が少ない。もっと払《はら》え」と、きちんと言ったらいいんだよ。相手のやっていないことを、もっと突《つ》かなくては駄目《だめ》です。

不況《ふきょう》のせいで最近は日本の国連分担金の額も減ってきたらしいけど、長年、日本は世界で一位や二位の額を払ってきた。それなのに常任理事国にしてもらえないのだから、「中国は、偉《えら》そうに言うのであれば、常任理事国らしく応分の負担をしなさい。国連の分担金は世界のトップクラスでなくてはいけないでしょう」と言うべきだろうね。

外交を担《にな》う者は「ディベート力」を高めよ

綾織　日本が侍国家に戻り、それを確立するに当たっては、先ほど陸奥先生からもお話がありましたように、大義を立てなくてはいけないと思います。

ただ、日本は、かつて、「大東亜共栄圏《だいとうあきょうえいけん》」「植民地解放」などという大義を立て、その一部は実現したものの、全部の実現には失敗し、国として挫折《ざせつ》したため、大義を立てにくいというか、自信を持てなくなっている面があります。

日本が侍国家になっていく上で、大義を立てる際の心構えや、外交を担《にな》う者にとってのポイントは、どのようなものでしょうか。

小村寿太郎　単純に言って、やはり、「ディベート力」がなくなっているんじゃないの？

ダライ・ラマだって、チベットの国外に逃《のが》れてから、かれこれ五十年ぐらいになるんじゃない？　国を取られ、ああやって世界を行脚《あんぎゃ》して回り、演説をして尊敬はされているものの、他国は協力してくれない状況でしょう？

中国は、そういう国ですよ。モンゴルは取るし、ウイグルは取るし、全部を取っていこうとしているだけのことです。「自分たちの国の発展は善である」と考えているのでしょうから、「あなたがたのやっていることは単なる膨張《ぼうちょう》主義にしかすぎない。日本を責める資格はない」と言えばいいことですよ。

「アメリカが余計なお節介《せっかい》をして、日本を中国から追い出したために、その後《ご》、共産主義革命が起きて、中国の人民は何千万人も殺され、苦労しました。それは日本のせいではありません」と、きちんと言い返さなくてはいけないと思います。「ゆすり、たかりのたぐいに屈《くっ》しない」というのは大事なことです。南京《ナンキン》事件や靖国《やすくに》参拝など、何にでも因縁《いんねん》をつけ、ゆすり、たかりをしてくる。これでは暴力団です。「日本全国を、チャイナタウンの暴力団にたかられるような世界にしないでくれ」と言わなければいけないね。

あまりにも人が好《よ》すぎます。言葉で、もっと攻《せ》めなくては駄目です。

向こうは、一国の首相が、あれだけ恥《は》ずかしいことを平気で言えるのですから、こちらも言わなくてはなりません。

綾織　ありがとうございます。

4 小村寿太郎の過去世《かこぜ》

綾織　最後に、一問、お伺《うかが》いいたします。

小村先生のお話をお聴《き》きし、「おそらく、日本の高天原《たかまがはら》にいらっしゃる神々のお一人ではないか」と推察させていただいております。

過去のご活躍《かつやく》等を、可能な範囲《はんい》で教えていただければ幸いでございます。

小村寿太郎　うーん。ここは、そんなことばかり、いつも訊《き》くところらしいけどねえ（会場笑）。

まあ、朝鮮《ちょうせん》半島の人たちと戦った経験はあります。あれは神功皇后《じんぐうこうごう》のころだったかな。あのころ、要職にあって、戦ったことはございます。「白村江《はくそんこう》の戦い」（白村江《はくすきのえ》の戦い）のころに戦った経験はございますけれども、あなたがたの日本史の教科書には私の名前が出てこないかもしれないね。

まあ、当時も〝やって〟いたんですよ。何度も、やったり、やられたりしているのです。でも、戦い続けなくてはいけないんだな。相手が強いと占領《せんりょう》されてしまうから、こちらが攻《せ》め込《こ》んでいたときもあったんですね。

中国は大国意識をずっと持っています。

向こうが日本に対して侵略《しんりゃく》の意図を持たない範囲内では、平和的にお付き合いをしても構わないと思うけれども、「中国の侵略意図が剝《む》き出しになってきた場合には、日本は、きちんと正当防衛の態勢に入る」ということだけは、はっきりさせておかなくてはならないと思います。

私は、過去世においても、そういう外交的な仕事をしたことがあります。

「高天原の神々の一人か」と言われれば、「そうだ」と言わざるをえないですね。

綾織　日本が侍《さむらい》国家として、柱を立てていけますよう、精進してまいります。

ありがとうございました。

小村寿太郎　はい。

大川隆法　以上でした。

日本が六十数年間も積み残してきた課題について、かなり強硬《きょうこう》な意見を述べていましたが、「『アメリカが護《まも》ってくれる』という考え方だけでいられた時代は終わった」ということでしょう。

「〝吉田《よしだ》ドクトリン〟のところに間違《まちが》いがあった」という、はっきりとした指摘《してき》もありましたが、「そのとおりだ」と思います。金儲《かねもう》けだけに走った国家が尊敬を受けることはないでしょう。

向こうは、一方的に、どんどん軍備を拡張してきたのですから、「それに対して無策だった」ということは、責められて当然でしょうね。おそらく、沖縄《おきなわ》、九州、対馬《つしま》、新潟《にいがた》のあたりまで、防衛ラインを引かないといけないでしょう。

その予算を組むお金は、ないわけではないのです。使い方だけの問題です。民主党政権になってから、パトリオットミサイルの全国配備さえストップになったような状態ですが、考え方の問題なので、それこそ、政府が言うように、「粛々《しゅくしゅく》と」準備していけばよいのです。

向こうに通知してから行う必要など、まったくありません。「粛々と」防衛を強化していけば済むことです。政治家が外で何を言おうと、官僚《かんりょう》主導で、きちんと、やるべきことをやっていればよいわけです。

海上保安庁の巡視船《じゅんしせん》が撃沈《げきちん》される姿など、私は見たくありません。
だから、どうか、きちんとしていただきたいと思います。

あとがき

「悪には決して屈しないこと」「侵略に対しては事前に準備をすること」「サムライ精神を取り戻すこと」「正論は譲らないこと」等々、大切な外交の鉄則は数々ある。

しかし、根本は人間としての胆力《たんりょく》である。「日本よ、今こそ、眠れる大人物を揺《ゆ》り起こせ。」

二〇一〇年　十月十九日

幸福実現党創立者兼党名誉総裁《こうふくじつげんとうそうりつしゃけんとうめいよそうさい》　大川隆法《おおかわりゅうほう》

『日本外交の鉄則』大川隆法著作関連書籍

『秋山真之の日本防衛論』（幸福実現党刊）
『保守の正義とは何か』（幸福の科学出版刊）
『マッカーサー　戦後65年目の証言』（同右）

日本外交《にほんがいこう》の鉄則《てっそく》 ――サムライ国家の気概を示せ――

2010年11月1日　初版第1刷

著　者　大《おお》 川《かわ》 隆《りゅう》 法《ほう》

発　行　幸福実現党
〒104-0061 東京都中央区銀座2丁目2番19号
TEL(03)3535-3777

発　売　幸福の科学出版株式会社
〒142-0041 東京都品川区戸越1丁目6番7号
TEL(03)6384-3777
http://www.irhpress.co.jp/

印刷・製本　株式会社 堀内印刷所

落丁・乱丁本はおとりかえいたします

ISBN978-4-86395-086-3 C0031

幸福実現党

秋山真之の日本防衛論

同時収録 乃木希典・北一輝の霊言

大川隆法 著

日本海海戦を勝利に導いた
天才戦略家・秋山真之が、
国家防衛戦略を語り、
民主党政権の外交姿勢を一喝する。
さらに、日露戦争の将軍・乃木希典と、
革命思想家・北一輝の霊言を
同時収録！

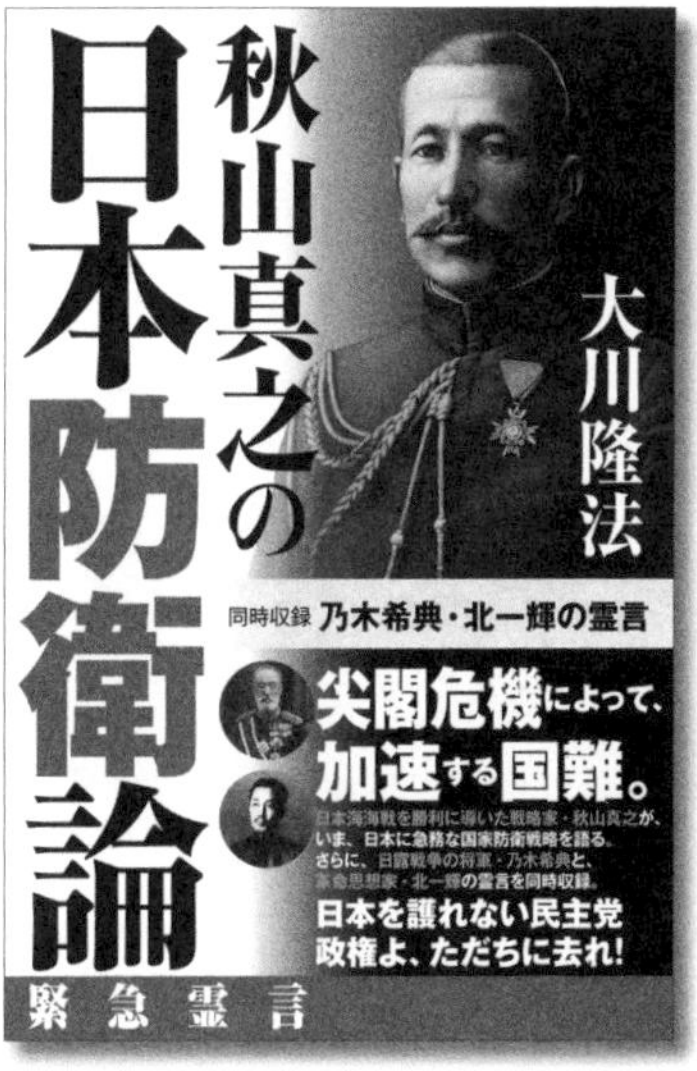

1,400円

第1章 名参謀が語る「日本の国防戦略」 ──秋山真之の霊言──
「中国漁船衝突事件」についての見解 ／ 中国の軍事力に、どう対抗するか ほか

第2章 今こそ、「救国の精神」を ──乃木希典の霊言──
将としての心構え ／ 日露戦争を振り返る ほか

第3章 革命思想家の「霊告」 ──北一輝の霊言──
現代の「右翼」をどう思うか ／ 日本の外交や防衛のあり方を、どう見るか ほか

発行 幸福実現党
発売 幸福の科学出版株式会社

※表示価格は本体価格（税別）です。

幸福実現党

世界の潮流はこうなる

激震！ 中国の野望と民主党の最期

大川隆法　著

オバマの下で衰退していくアメリカ。帝国主義に取り憑かれた中国。世界の勢力図が変化する今、日本が生き残る道は、ただ一つ。孔子とキッシンジャー守護霊による緊急霊言。

第１章　孔子の霊言――政治編
第２章　キッシンジャー博士の守護霊予言

1,300円

小沢一郎の本心に迫る

守護霊リーディング

大川隆法　著

政界が、マスコミが、全国民が知りたかった、剛腕政治家の本心がここに。経済対策、外交問題、そして、政界再編構想までを語った、衝撃の１０９分。

・中国に対する考え方
・二大政党制の真の狙い
・「壊し屋」と言われる本当の理由
・政界再編の見通しについて　など

1,400円

発行　幸福実現党
発売　幸福の科学出版株式会社

※表示価格は本体価格（税別）です。

大川隆法 ベストセラーズ・混迷を打ち破る「未来ビジョン」

幸福実現党宣言

この国の未来をデザインする

政治と宗教の真なる関係、「日本国憲法」を改正すべき理由など、日本が世界を牽引するために必要な、国家運営のあるべき姿を指し示す。

1,600円

政治の理想について

幸福実現党宣言②

幸福実現党の立党理念、政治の最高の理想、三億人国家構想、交通革命への提言など、この国と世界の未来を語る。

1,800円

政治に勇気を

幸福実現党宣言③

霊査によって明かされる「金正日の野望」とは？ 気概のない政治家に活を入れる一書。孔明の霊言も収録。

1,600円

新・日本国憲法試案

幸福実現党宣言④

大統領制の導入、防衛軍の創設、公務員への能力制導入など、日本の未来を切り開く「新しい憲法」を提示する。

1,200円

夢のある国へ——幸福維新

幸福実現党宣言⑤

日本をもう一度、高度成長に導く政策、アジアに平和と繁栄をもたらす指針など、希望の未来への道筋を示す。

1,600円

幸福の科学出版株式会社

※表示価格は本体価格（税別）です。

大川隆法ベストセラーズ・新しい国づくりのために

未来への国家戦略

この国に自由と繁栄を

国家経営を知らない市民運動家・菅直人氏の限界を鋭く指摘する。民主党政権による国家社会主義化を押しとどめ、自由からの繁栄の道を切り拓く。

1,400円

大川隆法　政治提言集

日本を自由の大国へ

現在の国難とその対処法は、すでに説いている──。2008年以降の政治提言を分かりやすくまとめた書。社会主義化する日本を救う幸福実現党・政策の真髄が、ここに。

1,000円

危機に立つ日本

国難打破から未来創造へ

2009年の「政権交代」が及ぼす国難の正体と、民主党政権の根本にある思想的な誤りを克明に描き出す。未来のための警鐘を鳴らし、希望への道筋を掲げた一書。

1,400円

幸福の科学出版株式会社

※表示価格は本体価格(税別)です。